知識ゼロからはじめる

「女性ひとり起業」Book

しなやかライフ研究所 代表
小谷晴美［著］

日本マネジメント税理士法人　担当税理士
国光義浩［監修］

電波社

装丁　川畑サユリ
イラスト　川口真目
編集　椕島慎司（コスミック出版）

はじめに

２０２０年に初めての著書となる『女性ひとり起業スタートＢＯＯＫ』を出版しました。

「好きなことや得意なことで人の役に立ちたい」
「自分らしさや能力を発揮して、イキイキと活躍したい」
「暮らしの変化に合わせて柔軟に働きたい」

そんな想いを持った女性たちから拙著は、「小さく始めて夢を叶える」起業のバイブルとしてご支持を頂きました。

それから3年が経ち、ますますフリーランスや副業といった「雇われない働き方」に対する関心が高まっていると感じます。

その背景には、次のような働き方をめぐる環境変化があると思います。

・新型コロナ感染症の影響による雇用不安から雇われない働き方を模索する方の増加
・働き方改革の一環として、副業を解禁する企業の増加
・テレワークの普及により、働く時間や場所の選択肢が増加

その一方で、インボイス制度や電子帳簿保存法など新たな制度の導入もあり、小規模な事業者からは「どのように対処すれば良いのか」と困惑する声も多く聞かれました。

しかし、実際は小規模な事業者に求められることは意外とシンプルです。

2冊目となる本書では、起業や副業に興味を持つ方にとって、「起業のハードルを下げて、一歩踏み出すきっかけになるように」との想いで、開業手続から帳簿のつけ方、確定申告の仕方までポイントを押さえて、知識がなくても簡単にできる方法を77項目にわけて紹介しています。

また、日々の取引を小遣い帳感覚で入力していくだけで「収支内訳書」または「損益計算書」が自動的に作成される「Ｅｘｃｅｌ帳簿」を付録として準備しています。記帳作業や会計処理に時間や労力をかけずに、本業に集中できるようご活用ください。

さらに、スモールステップで好きなことを仕事にしていく方法を紹介し、最初のお客様と出会うゼロからイチを作る具体的な方法についても、事例とともに紹介しています。

本書があなたの可能性を広げるきっかけになり、あなたの未来があなたらしく輝きますように、お手伝いできたら幸いです。

小谷　晴美

目次

第3章 開業に必要な手続きや準備

第4章 帳簿のつけ方と領収書・請求書

第5章 必要経費と勘定科目

第6章 所得税のしくみと確定申告

第7章 消費税のしくみとインボイス制度

第8章 起業を成功に導く3つのポイント

第9章 好きなことを仕事に変える5ステップ

第10章　起業をサポートする公的サービス

第1章

扶養内から起業する方へ

起業にまつわる扶養のルール

配偶者の扶養に入っている方から「起業の準備として何から始めたらいいですか?」と問われたら「まず、扶養のルールを確認してください」と答えます。

なぜなら、大手企業の健康保険組合等の中には、収入の有無にかかわらず「開業届を提出したら扶養から外れる」とする組合もあるからです。

健康保険の扶養を外れると、年間で数十万円の社会保険料の負担が発生します。扶養のルールを知らずに「うっかり外れてしまった」という事態は避けたいですね。

扶養に入っている方が個人事業主の場合、健康保険組合などに電話で確認しなければ、扶養を外れる基準が分からないということがあります。

「これから始めようと思うんですが」という段階で、遠慮なく聞けるうちに確認しておくことをお勧めします。

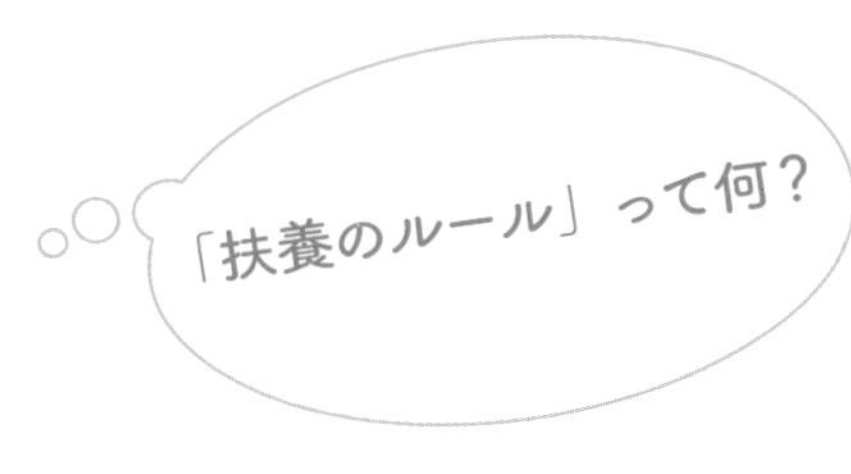

また「103万円稼いだら扶養から外れる」「150万円稼いだら損をする」と思い込んで仕事をセーブしたり、SNSで発信するのを控えたり「踏む必要のないブレーキ」を踏んでいる方もいます。

「パートの壁」と言われる「103万円」や「150万円」は、個人事業主として働く方には関係ありません。扶養のルールを誤解して、可能性に蓋をしているとしたらもったいないです。

まずは最初に起業にまつわる「扶養のルール」を健康保険組合等に確認しておきましょう。

一口に扶養と言っても、「税制上の扶養」と「社会保険上の扶養」があります。

それぞれ分けて紹介していきますが、次頁からは説明の都合上、夫が妻を扶養している前提で話を進めます。妻が夫を扶養している場合は、「夫」と「妻」を読み替えてください。

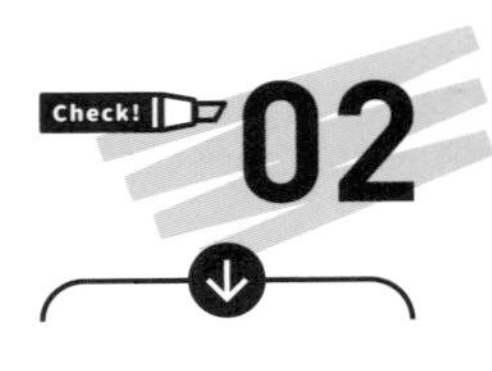

税制上の扶養のルール

配偶者控除と配偶者特別控除

夫が妻を扶養している場合、夫の所得が１０００万円以下で、妻の所得が一定額以下であれば、夫は「配偶者控除」「配偶者特別控除」を受けることができます。
所得とは「もうけ」のことをいい、妻が個人事業主の場合は売上から必要経費を引いた金額です。妻が青色申告者の場合は、さらに「青色申告特別控除」も引いた額が所得となります。

一般的な収入（所得９００万円以下）の夫が妻を扶養する場合、妻の所得が48万円以下であれば、夫は「配偶者控除」として38万円の控除を受けられます。（図1）
妻の所得が48万円を超えると「配偶者特別控除」に変わりますが、控除額は38万円と変わりません。妻の所得が95万円を超えると段階的に控除額が減らされ、それに応

■図1

夫の所得が900万円以下の場合

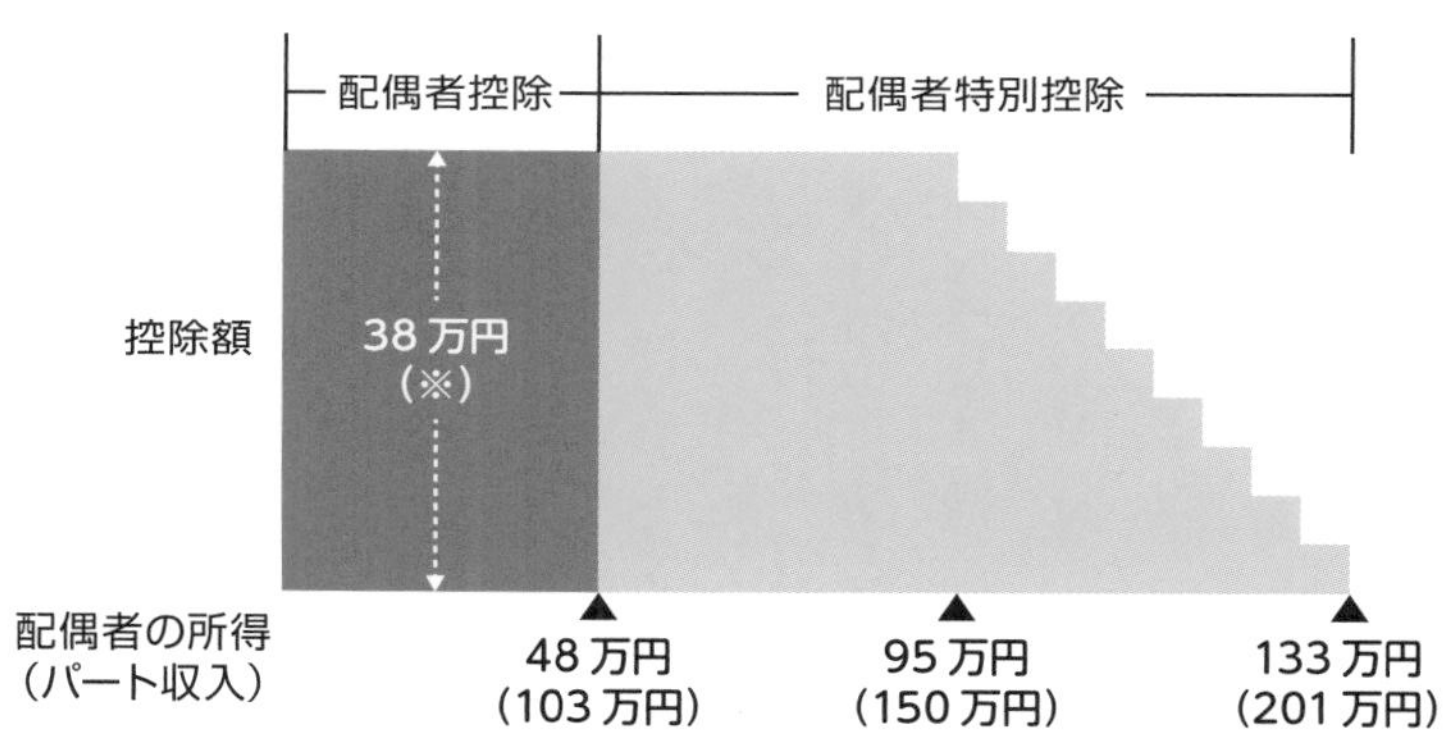

※配偶者控除の控除額
夫の所得が900万円超950万円以下（給与収入1,095万円超1,145万円以下）：26万円
夫の所得が950万円超1,000万円以下（給与収入1,145万円超1,195万円以下）：13万円

じて夫の税金が増えることになります。

仮に、妻の事業の売上が１５０万円に対して、必要経費が50万円、青色申告特別控除が65万円を計上した場合は、妻の所得は次のように計算されます。

> 売上１５０万円－必要経費50万円
> －青色申告特別控除65万円
> ＝妻の所得35万円

この場合、売上が１５０万円あったとしても「配偶者控除」の対象となります。

妻に複数の所得がある場合の所得計算

妻が複数の種類の収入を得ている場合は、それぞれの所得を合算して「合計所得」を算出します。

パートで働きながら事業収入も得ている場合は、パート収入から「給与所得控除」を引いた「給与所得」と、売上から必要経費等を引いた「事業所得」を合算します。

例えば、事業の売上が50万円、必要経費が20万円、パートの収入が１２０万円の場合は、図2のように計算します。

給与所得と事業所得を合算すると妻の所得は95万円になるため、夫は「配偶者特別控除」として38万円の控除を受けることができます。（図１）

なお、給与所得控除は収入に応じて算出します。年収１６２・５万円以下の場合は一律55万円となります。（図3）

■図 2

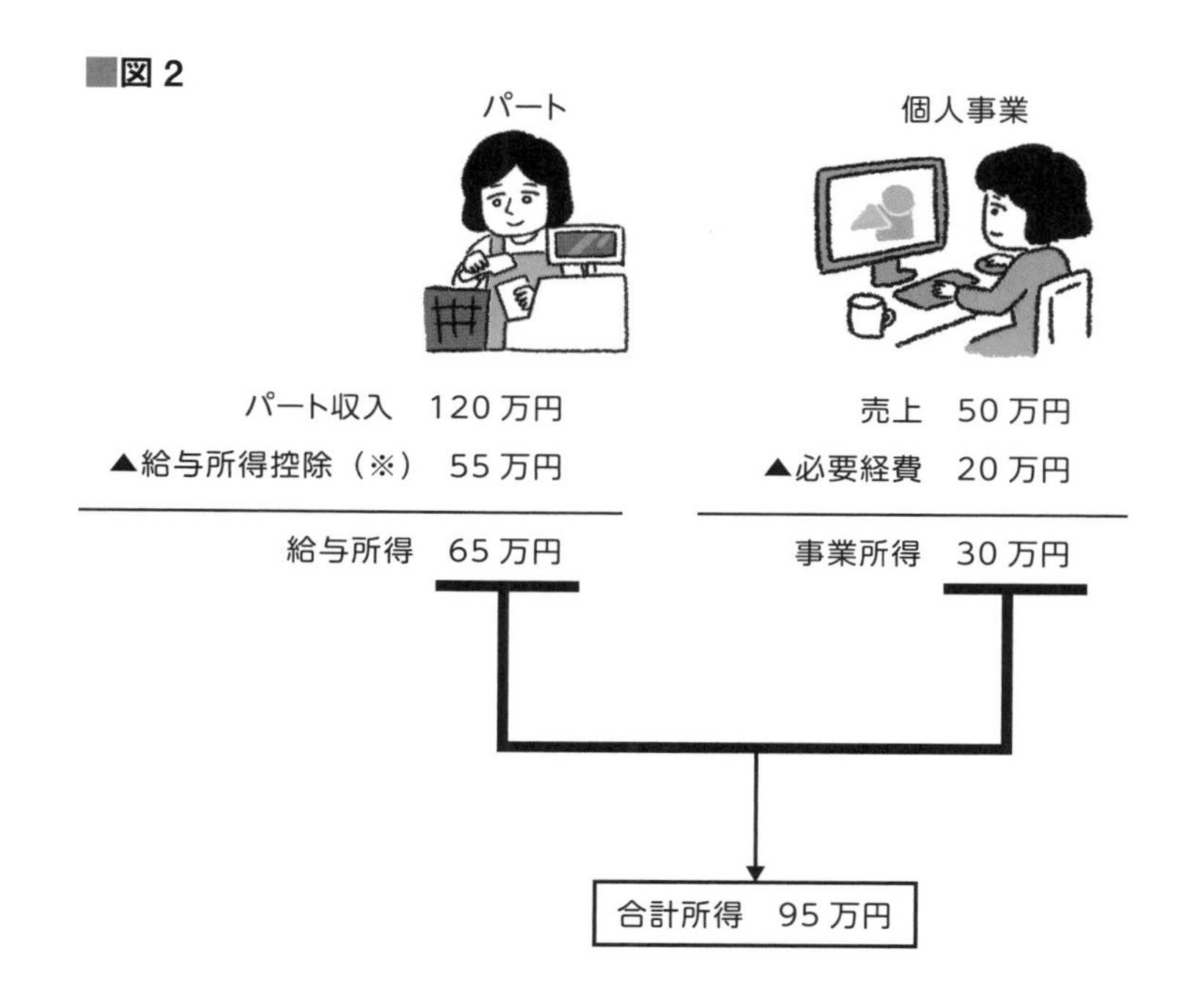

■図 3

※給与所得控除の算出表

収入金額	給与所得控除
162.5万円以下	55万円
162.5万円超 ～180万円以下	収入金額 × 40%－ 10万円
180万円超 ～360万円以下	収入金額 × 30%＋ 8万円
360万円超 ～660万円以下	収入金額 × 20%＋ 44万円
660万円超 ～850万円以下	収入金額 × 10%＋110万円
850万円超 ～	195万円（上限）

税制上の扶養を外れたら

①税制上の扶養と世帯手取りの変化

妻の所得が48万円を超えて「配偶者控除」が受けられなくなっても控除額は変わりませんので、夫の税負担は増えません。妻の所得が95万円を超えて控除額が減っていくと、確かに夫の税負担は増えますが、世帯手取りで考えると損にはなりません。

例えば、一般的な収入（所得９００万円以下）の夫が妻を扶養している場合、妻の所得が95万円を超えて96万円まで増えたとすると、図4のように妻の手取りは1万円増えます。

一方、「配偶者特別控除」の金額は2万円減ってしまいます。

一見、損をするように見えますが「控除額の減少＝税金の負担増」ではありません。控除額が2万円減ることによる増税額は税率によって異なります。（図5）

■図4
妻の所得が96万円になった場合

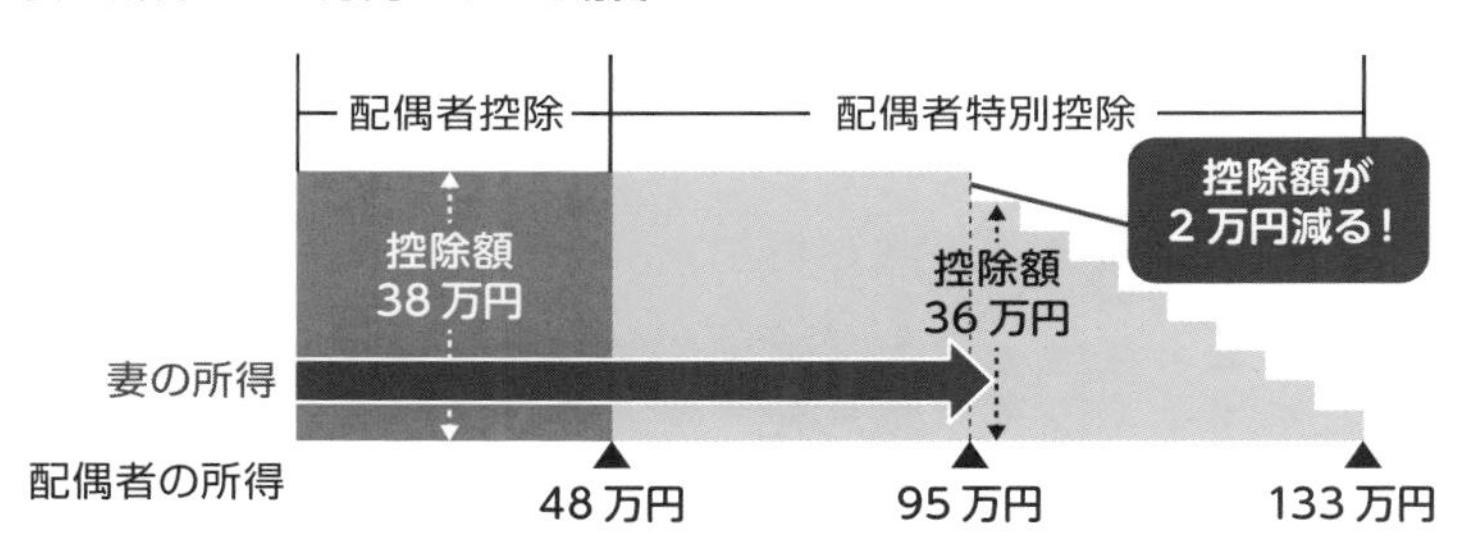

■図5

課税所得金額	税率	所得税増	住民税増	税増額合計
195万円未満	5%	1,021円	2,000円	3,021円
195万円以上～330万円未満	10%	2,042円	2,000円	4,042円
330万円以上～695万円未満	20%	4,084円	2,000円	6,084円
695万円以上～900万円未満	23%	4,696円	2,000円	6,696円
900万円以上～1,800万円未満	33%	6,738円	2,000円	8,738円

夫の税率が5％（年収目安450万円以下）であれば、夫の税金が3021円増えます。

この場合、世帯手取りで考えると6979円のプラスとなります。

妻の所得増10000円
－夫の税負担増3021円
＝6979円

このように、税制上の扶養については「これ以上働くと損をする」という壁はありませんのでご安心ください。

ただし、夫の勤務先に「配偶者手当」や「家族手当」がある場合は、注意が必要です。

②配偶者手当、家族手当の壁

夫の勤務先に「配偶者手当」や「家族手当」など「控除対象となる配偶者がいること」を条件に給付される手当があれば、税制上の扶養を外れることで世帯手取りが減る可能性があります。

例えば「配偶者控除」を受けられることを要件に月2万円の「配偶者手当」が支給されている場合、妻の所得が48万円を超えると年間で24万円の手当がなくなってしまいます。

妻の所得が48万円を超えて、さらに24万円以上を「もうけ」として稼がなければ、世帯手取りは減少に転じます。

このような手当があるか否か、あればその支給要件を勤務先に確認してください。

税制上の扶養については、夫の勤務先に「配偶者手当」などがあれば「扶養の壁」として意識する必要がありますが、そのような手当がなければ気にする必要はありません。

以上、税制上の扶養についてまとめると、図6のようになります。

■図 6

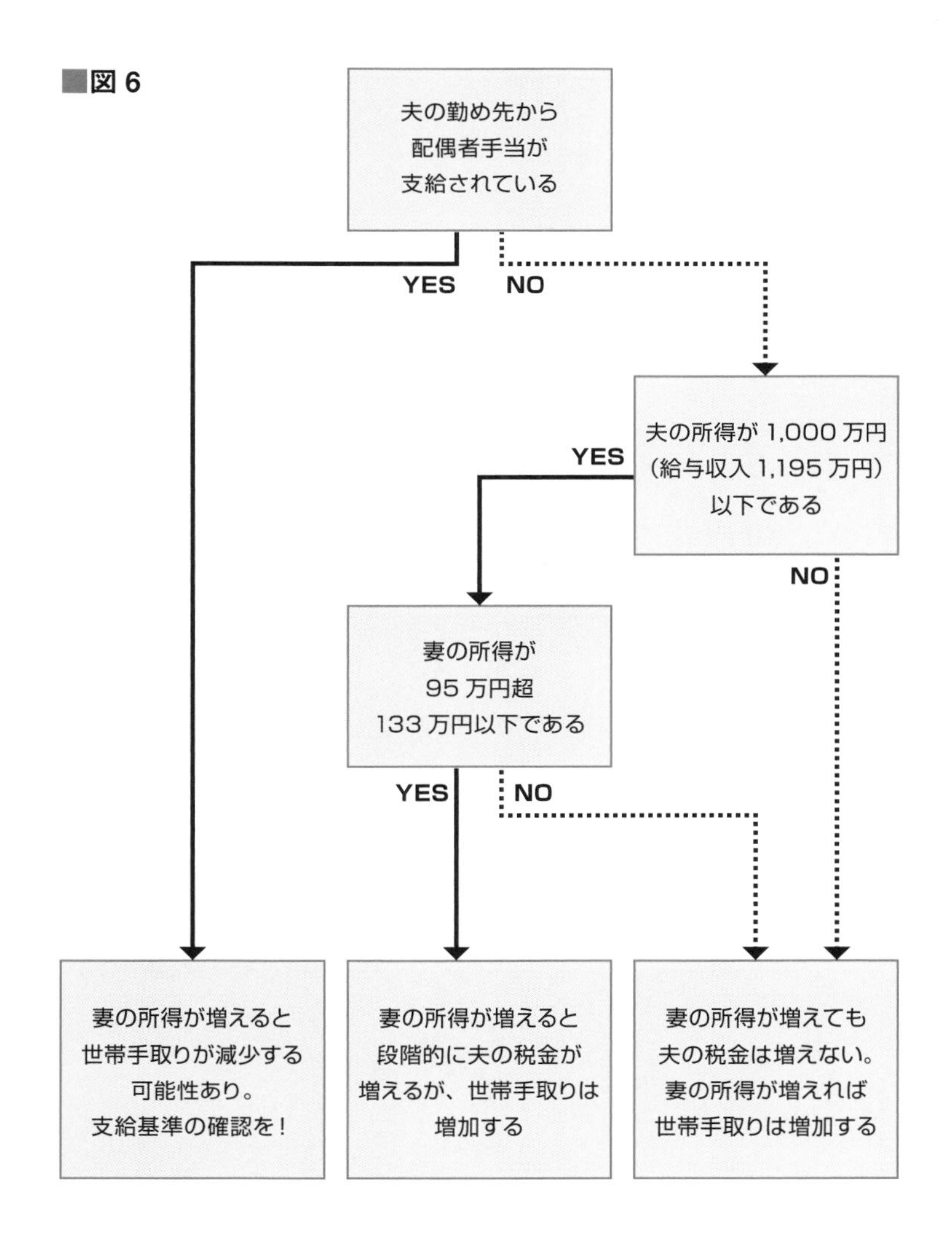
夫の勤め先から
配偶者手当が
支給されている
YES
NO
夫の所得が 1,000 万円
（給与収入 1,195 万円）
以下である
YES
NO
妻の所得が
95 万円超
133 万円以下である
YES
NO
妻の所得が増えると
世帯手取りが減少する
可能性あり。
支給基準の確認を！
妻の所得が増えると
段階的に夫の税金が
増えるが、世帯手取りは
増加する
妻の所得が増えても
夫の税金は増えない。
妻の所得が増えれば
世帯手取りは増加する

社会保険上の扶養のルール

「130万円の壁」として働き方に影響を与えるのが、健康保険と公的年金の制度です。

公的年金制度では、日本に住む20歳から59歳までの人は基礎年金（国民年金）に加入し、会社員や公務員は厚生年金にも加入しています。会社員や公務員に扶養されている20歳から59歳までの配偶者を「第3号被保険者」と呼び、保険料を負担することなく国民年金に加入することができます。（図7）

社会保険上の扶養の認定は、健康保険のルールに従って行います。健康保険の扶養の要件を満たせば、保険料の負担なく社会保険に加入することができます。

①社会保険上の扶養を外れる影響

第3号被保険者が個人事業主として働くことで、社会保険の扶養を外れてしまうと、第1号被保険者として国民年金に加入し、健康保険は国民健康保険に加入することに

■図7

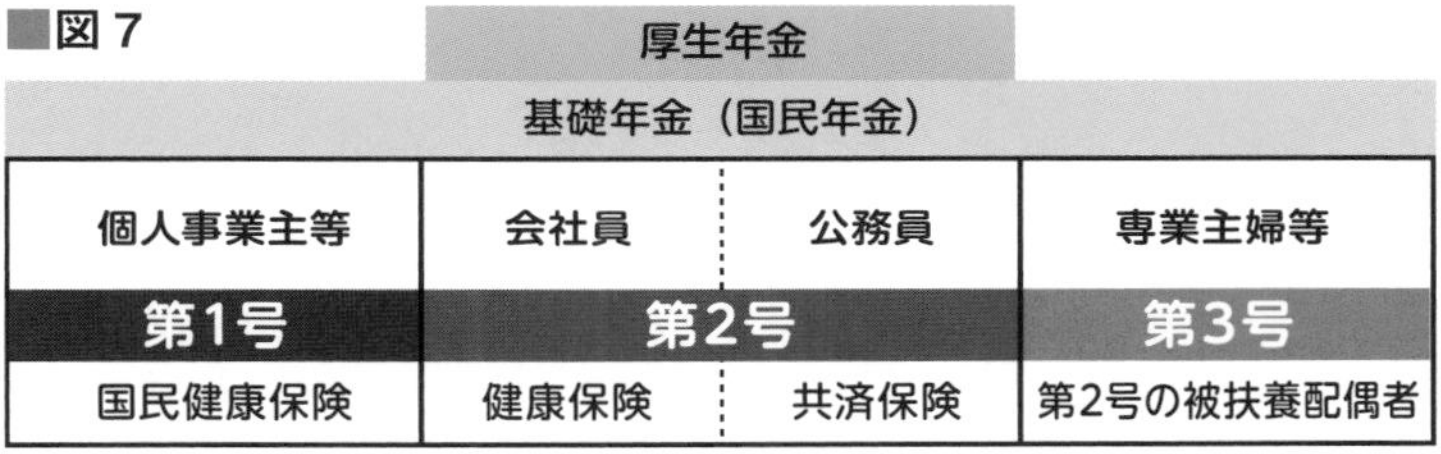

厚生年金			
基礎年金（国民年金）			
個人事業主等	会社員	公務員	専業主婦等
第1号	第2号		第3号
国民健康保険	健康保険	共済保険	第2号の被扶養配偶者

■図8

所得130万円で国民年金・国民健康保険に加入した場合の保険料の目安

社会保険	年間保険料
国民年金	約20万円（令和5年度16,520円／月）
国民健康保険	約10万円～20万円（自治体により異なる）

なります。一般的には年間30万円～40万円の社会保険料の負担が発生しますので、世帯手取りが減少に転じてしまいます。（図8）

また、大手企業の健康保険組合や共済組合などの中には、ひと月の医療費の自己負担額の上限が2万円になるなどの付加給付がある場合がありますので、扶養を外れると手厚い給付が受けられなくなる可能性があります。

なお、夫が第1号被保険者の場合は国民健康保険に加入していますが、国民健康保険には扶養という概念はありません。したがって妻も国民年金、国民健康保険に加入し、保険料を負担していますので、社会保険の扶養を気にする必要はありません。

②健康保険の扶養の要件

会社員などが加入する健康保険の扶養の収入要件は、年間収入が130万円未満（60歳以上の者、または障害厚生年金の受給要件に該当する程度の障害者である場合は180万円未満）かつ被保険者の年収の2分の1未満と定められています。

これがいわゆる「130万円の壁」ですが、妻が個人事業主の場合、この130万円の基準が売上なのか所得なのか、健康保険の運営主体によって異なります。

中小企業が加入する全国健康保険協会（協会けんぽ）では、売上から必要経費を引いた所得が130万円未満であれば、扶養の要件を満たすとされています。ただし、減価償却費や青色申告特別控除など実質的な支出を伴わないものは引けません。

協会けんぽの収入要件の基準

売上－必要経費＋（減価償却費＋青色申告特別控除等）＜130万円

大手企業に勤める会社員が加入する健康保険組合や、公務員が加入する共済組合等の収入要件の基準はさまざまで、主に次のような基準があります。

☑売上が130万円未満(月108333円までの上限がある場合もある)
☑売上から必要経費を引いた所得が130万円未満(協会けんぽに準じる)
☑売上から特定の必要経費を引いた額が130万円未満(引ける経費は独自の基準)
☑開業届を提出したら収入の有無に関わらず扶養を外れる

扶養の基準については組合のサイト等に掲載されていますが、被扶養者が事業所得者である場合「何が130万円か」の基準までは記載されていない場合が多いです。基準が公表されていない場合は、組合に直接電話をかけて確認する必要があります。その際に「妻が個人事業主の場合の扶養の基準を知りたい」「収入の130万円の基準は、売上ですか、それとも必要経費を引いた所得ですか?」と尋ねましょう。所得であれば「税制上認められる必要経費は全て認められますか?」、売上であれば「ひと月にいくらという上限はありますか?」と確認しましょう。

「売上が130万円を超えそう」という頃になると、電話で確認するのに躊躇することにもなりかねません。早いうちに確認されることをお勧めします。

③複数の収入がある場合の扶養の基準

パートで働きながら個人事業を始める方もいると思います。

このような場合、全国健康保険協会（協会けんぽ）では、パート収入と事業所得（原則、売上から必要経費を引く）を合算した金額で判定されます。

協会けんぽの収入要件の基準

パート収入＋（売上－必要経費＋減価償却費＋青色申告特別控除等）＜130万円

農業収入や不動産収入がある場合も事業と同様、それぞれの必要経費を引いた後の「所得」を合算します。年金収入はパート収入同様、収入金額を合算します。

なお、税制上は非課税の遺族年金や障害年金も収入に含めて判定します。

運営主体が全国健康保険協会以外の場合は、個別に「配偶者が個人事業主の場合の扶養の認定基準」を確認してください。

以上、社会保険上の扶養のルールについてまとめると図9のようになります。

■図 9

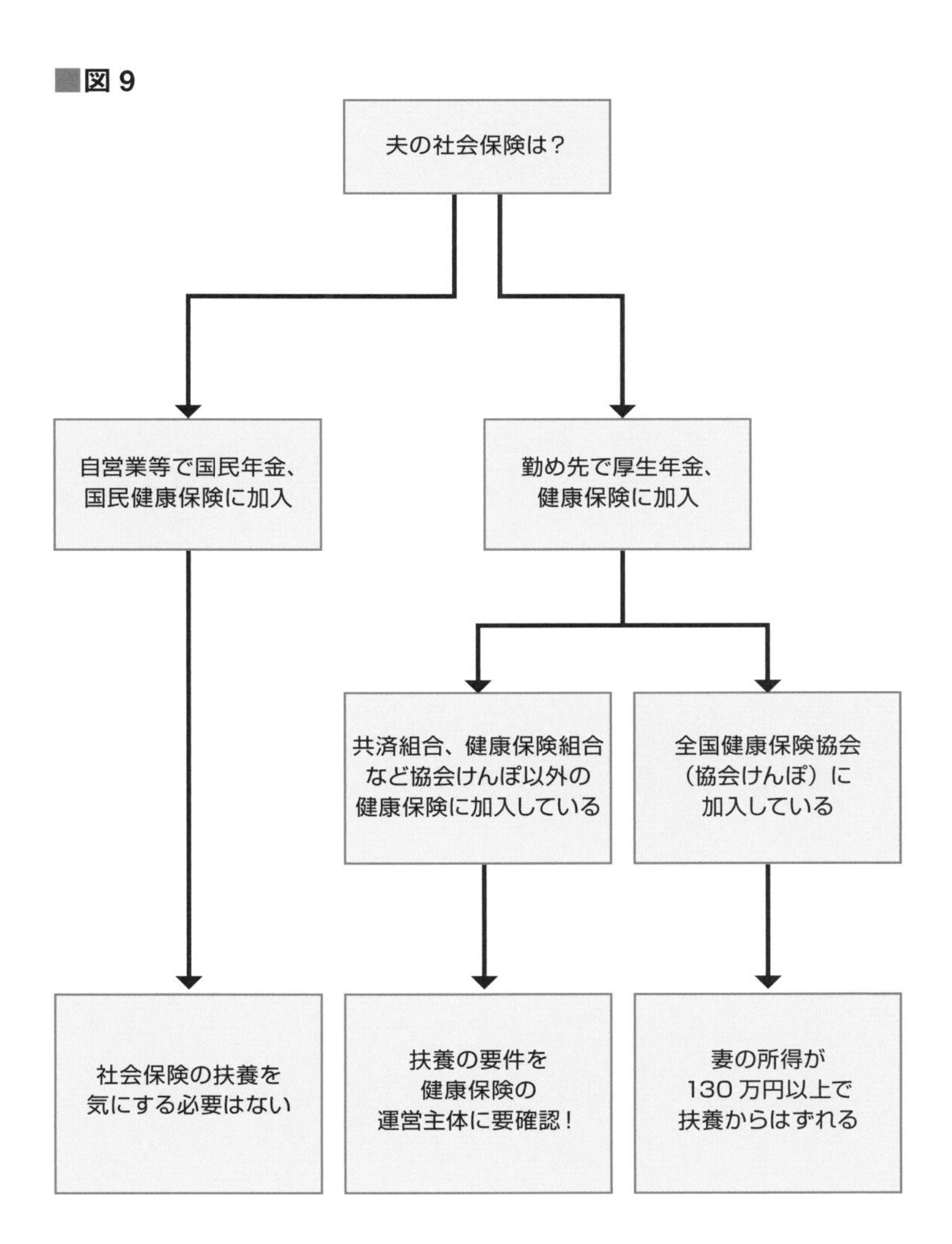
夫の社会保険は？
自営業等で国民年金、
国民健康保険に加入
勤め先で厚生年金、
健康保険に加入
共済組合、健康保険組合
など協会けんぽ以外の
健康保険に加入している
全国健康保険協会
（協会けんぽ）に
加入している
社会保険の扶養を
気にする必要はない
扶養の要件を
健康保険の
運営主体に要確認！
妻の所得が
130 万円以上で
扶養からはずれる

扶養を外れるタイミング

　社会保険の扶養を外れる時期は、収入基準を超えた時からとなるため、年の途中であっても売上や所得が基準を超えれば扶養を外れるのが原則です。

しかし、パート収入と違って個人事業主の場合はタイムリーに収支を把握できていない場合が多いため、注意が必要です。

実際、年末調整の時には「まだ扶養の範囲内だろう」と思っていたら、確定申告の結果、売上が１３０万円を超えていたという方がいました。

　翌年3月に申告書類の控えの写しを健康保険組合に提出したところ、売上が１３０万円を超えた10月に遡（さかのぼ）って、健康保険の扶養から外されることになりました。

10月から3月までの間に、たまたま手術を受けたり歯科治療に通ったりしていたため、健康保険組合から10月以降の給付分として50万円以上の返還を求められたそうで

す。

このように遡って扶養を外されることもありますので、できるだけまめに帳簿をつけて、タイムリーに収支の状況を把握できるようにしておきましょう。

ちなみにこの方の場合は、国民健康保険に遡って加入していただくようアドバイスしました。そうすることで、国民健康保険から医療費の自己負担額を超える金額を還付してもらうことができました。

しかし、このような作業も煩雑になりますので、できるだけ帳簿はこまめにつけるようにして、必要があれば扶養を外れることを申告するようにしましょう。

扶養を外れて働くメリット

社会保険の扶養を外れて個人事業主として働くと、国民年金と国民健康保険で年間30万円から40万円以上の保険料負担が発生します。

このため、仕事が軌道に乗り始めたのに「扶養を外れないように」とブレーキを踏んでしまう方もいます。逆にアクセルを踏んで行けばその先には活躍の場が広がり、経済的にも豊かになる未来が待っているかもしれません。

また、妻の社会保険料を夫が支払うことによって、夫の社会保険料控除にすることができます。夫の所得控除にすることで、より多く税金を減らせる可能性があります。

次の事例を基に所得130万円を超えて扶養から外れた場合に、世帯手取りが回復する妻の所得の目安を見てみましょう。

■図10
妻の事業所得と世帯手取りの変化

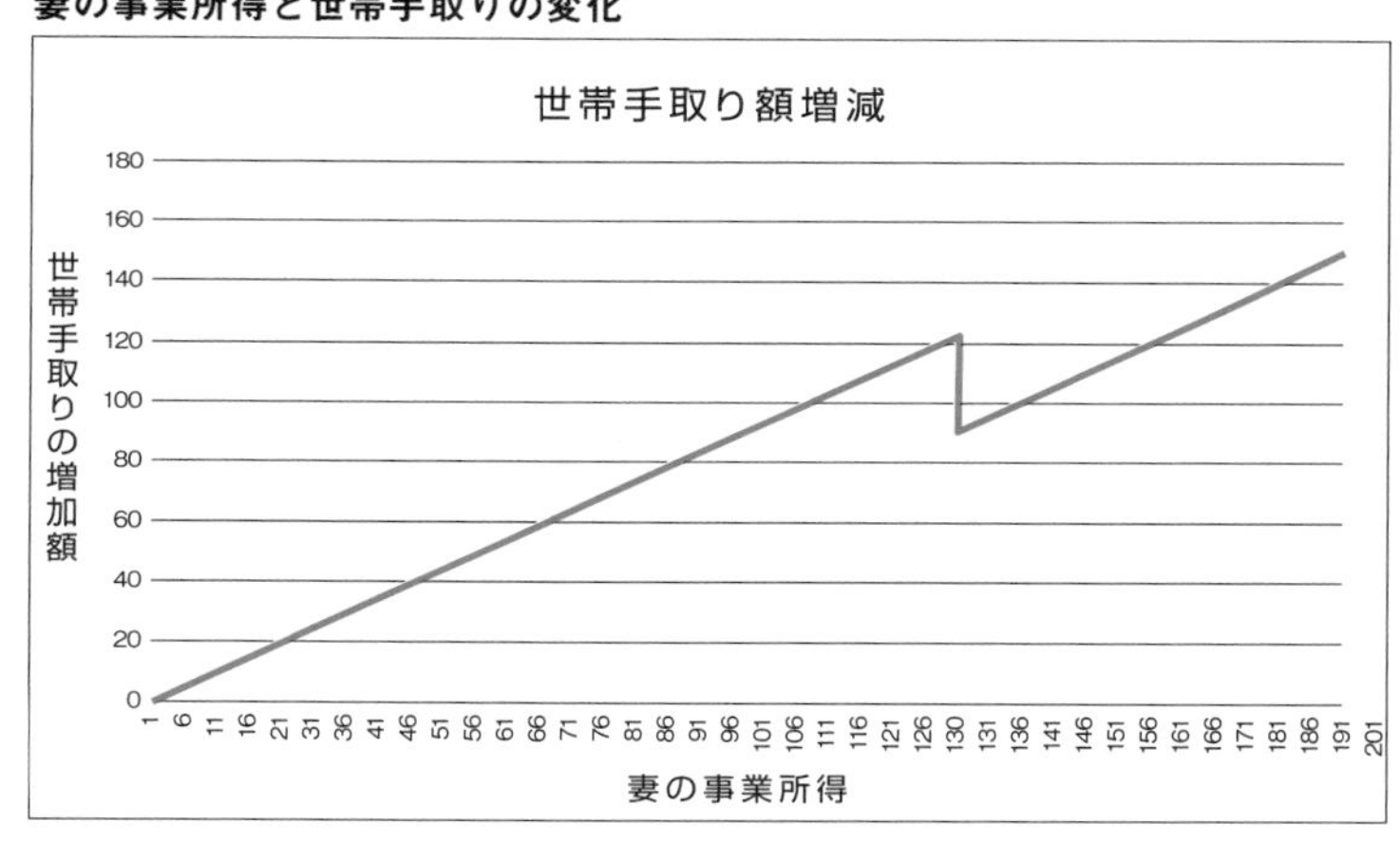

・夫：会社員、年収500万円（所得税率5％）、全国健康保険協会加入
・妻：個人事業主、大阪市在住
・妻が扶養から外れた場合の社会保険料は夫が支払い、夫の所得控除とする

右記の条件で妻の事業所得の変化と、世帯手取りの変化をシミュレーションすると図10のようになります。

妻の事業所得が130万円に達したところで、世帯手取りが大きく減少に転じています。

図10の例の大阪市の場合、事業所得130万円で国民健康保険に加入すると保険料は約23万円（令和5年度）になります。国民年金と合わせると約43万円の社会保険料の負担が発生しますが、妻の所得の増加、夫の社会保険料控除による税金の減額を考慮すると、扶養を外れた際の世帯手取りの減少額は約36万円となります。そして世帯手取りが扶養を外れる前の水準に回復する妻の所得の目安は173万円となります。

所得が130万円を超えたら、さらに43万円、月3・6万円以上のもうけがあれば、世帯手取りはプラスに転じます。

社会保険の扶養を外れて手取額が回復する目安となる金額は、夫の税率によっても異なり、夫の税率が高いほど少ない額で回復することができます。（図11）

実際には「健康保険の扶養の認定基準」「居住地の自治体の国民健康保険料」「夫の所得」などにより、130万円の壁の大きさは異なりますが、思い切って壁を超えることで限りなく可能性が広がります。

やむを得ず社会保険の扶養を外れた女性の多くが、壁を気にすることなくのびのびとやりたいことに挑戦した結果、数年で正社員として働いていた頃の収入を得られる

■図 11

夫の課税所得金額（※）	夫の所得税率	世帯の手取額が回復する妻の所得金額	
		年間	月間プラス目標額
195 万円未満	5%	173 万円	35,833 円
195 万円以上～ 330 万円未満	10%	170 万円	33,333 円
330 万円以上～ 695 万円未満	20%	165 万円	29,167 円
695 万円以上～ 900 万円未満	23%	164 万円	28,333 円
900 万円以上～ 1,800 万円未満	33%	158 万円	23,333 円
1,800 万円以上～ 4,000 万円未満	40%	153 万円	19,167 円
4,000 万円以上	45%	150 万円	16,667 円

※課税所得金額は源泉徴収票を基に計算することができます。　課税所得金額＝「給与所得控除後の金額」－「所得控除の額の合計額」

ようになっています。中には「売上が1000万円を超え、消費税の課税事業者になった」「夫の年収を超えた」と、ライフプランの見直しや資産運用について相談してくださる方もいます。

社会保険料を「無駄なコスト」ではなく「自分に対する自己投資」と考えて、力を発揮できる環境を整えることも必要です。

一方で「子どもとの時間を楽しみたい」「介護をしながら無理なく続けたい」など大切にしたいことを優先させて「今は助走期間」と扶養内に留まるのも一つの考え方だと思います。

何を優先したいかは人それぞれ異なります。焦ることなく、ご自身の価値観に照らして、その時その時に大切なことを大切にできるよう、しなやかに活躍していただければと思います。

第2章

副業として起業する方へ

副業を始める前に確認すべきこと

「収入を増やしたい」というだけではなく、「将来に役立つスキルを磨きたい」「自分らしさを発揮して人の役に立ちたい」「知識や人脈を広げたい」と、スキルアップや自己実現を目的としたパラレルキャリアの一環として、副業に興味を持つ方が増えていると感じます。

また、働き方改革の影響や社員のスキルアップが本業にも役立つという会社にとってのメリットもあり、副業を認める企業も増えています。

そのような働き方に対する意識の変化に伴い、厚生労働省は2018年に「副業・兼業の促進に関するガイドライン」を作成し「モデル就業規則」から副業禁止の規程が削除されるなど、副業が受け入れられる流れが進んでいます。

しかし、全ての企業が副業を認めているわけではありません。

勤務先の「就業規則」等を確認しましょう

まずは副業が認められているか、勤務先の「就業規則」等を確認してください。可能であっても何かしらの制約がある場合もありますので、会社の方針に従うことが大切です。

その上で副業を行う際には、次のことに留意しましょう。

①時間管理と健康管理

副業に充てられる時間を確認し、無理のない範囲で行いましょう。身体を壊したり、本業に支障が出てしまったりしては本末転倒です。

②勤務先に迷惑をかけない

業務遂行に際して、勤務先の情報を漏洩(ろうえい)してしまったり、会社の信用を傷つけたりすることがないよう気をつけましょう。

③事業者としての義務を果たす

副業であっても、事業を開始したら帳簿をつけて領収書類を保存する義務が生じます。また、副業の所得（売上から必要経費を引く）が20万円を超える場合は、確定申告をする必要があります。

副業を会社に知られない方法

勤務先が副業を認めていても「副業をしていることを会社には知られたくない」と思う方もいると思います。

「会社に内緒だから開業届は出せない」とか「会社に知られたくないから確定申告はしたくない」という人がいますが、開業届や確定申告書を提出したからといって、直ちに会社に知られることはありません。

会社に副業していることが知られるきっかけは「住民税」と「年末調整」です。それぞれ副業が知られるケースとその対策について紹介します。

①住民税により副業が知られるケース

会社員の多くは住民税を会社の天引きで納めています。これを「特別徴収」といっ

■図12

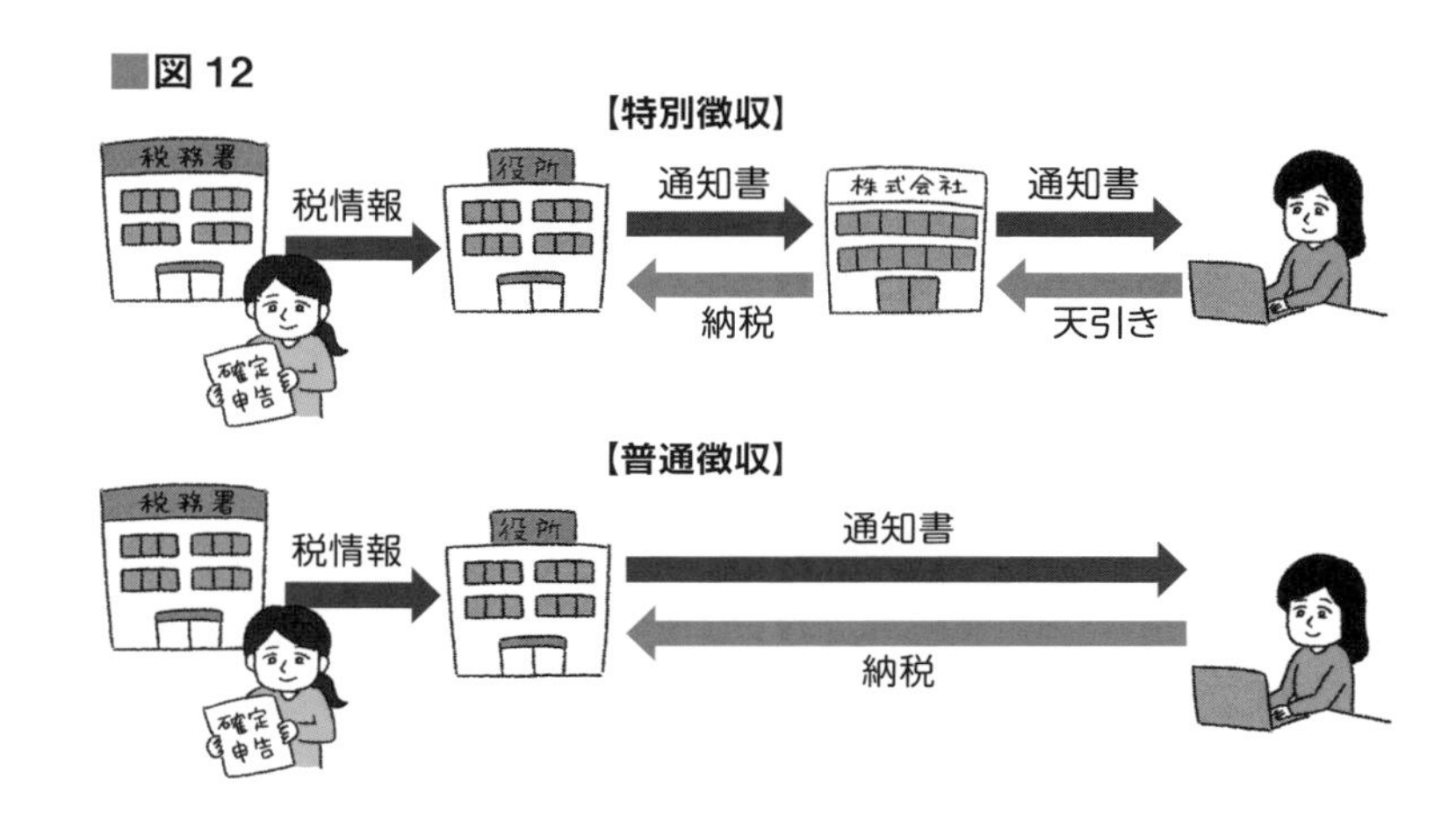

て、前年の所得に対する住民税の通知書が、自治体から会社に届き、住民税を給与から天引きする形で会社が本人に代わり自治体に納めるという方法をとっています。

ですから、副業で収入が増えて住民税が多くなる場合、会社に副業が知られる可能性があります。

これを回避する方法として、副業による住民税の増加分を自分で納付する方法があります。これを「普通徴収」と言います。（図12）

具体的には、確定申告書の第2表「住民税に関する事項」の「給与以外の所得に係る住民税の徴収方法」の欄の「自分で納付」に丸をつけます。（図13）

②年末調整により副業が知られるケースと対策

年末調整書類の中に「給与所得者の基礎控除申告書 兼 配偶者控除等申告書 兼 所得金額調整控除申告書」という書類があります。この書類の「基礎控除申告書」の欄が、給与所得者本人の所得を記載する欄です。

給与以外の所得を書く欄である「(2)給与所得以外の所得の合計額」に金額を書いて提出すると副業していることが分かります。対策としては、こちらには給与所得以外の所得は記入せず、確定申告をすることです。（図14）

給与以外の所得（もうけ）が20万円超あれば、いずれにしても確定申告をする必要があります。年末調整書類に副業の所得を記載しなくても、確定申告をして正しい金額を納税すれば問題ありません。

■図 13

○ 住民税・事業税に関する事項

住民税	非上場株式の少額配当等	非居住者の特例	配当割額控除額	株式等譲渡所得割額控除額	特定配当等・特定株式等譲渡所得の全部の申告不要	給与、公的年金等以外の所得に係る住民税の徴収方法	
						特別徴収	自分で納付
	円	円	円	円			○

事業税	非課税所得など	番号		所得金額	円	損益通算の特例適用前の不動産所得	
	不動産所得から差し引いた青色申告特別控除額					事業用資産の譲渡損失など	

■図 14

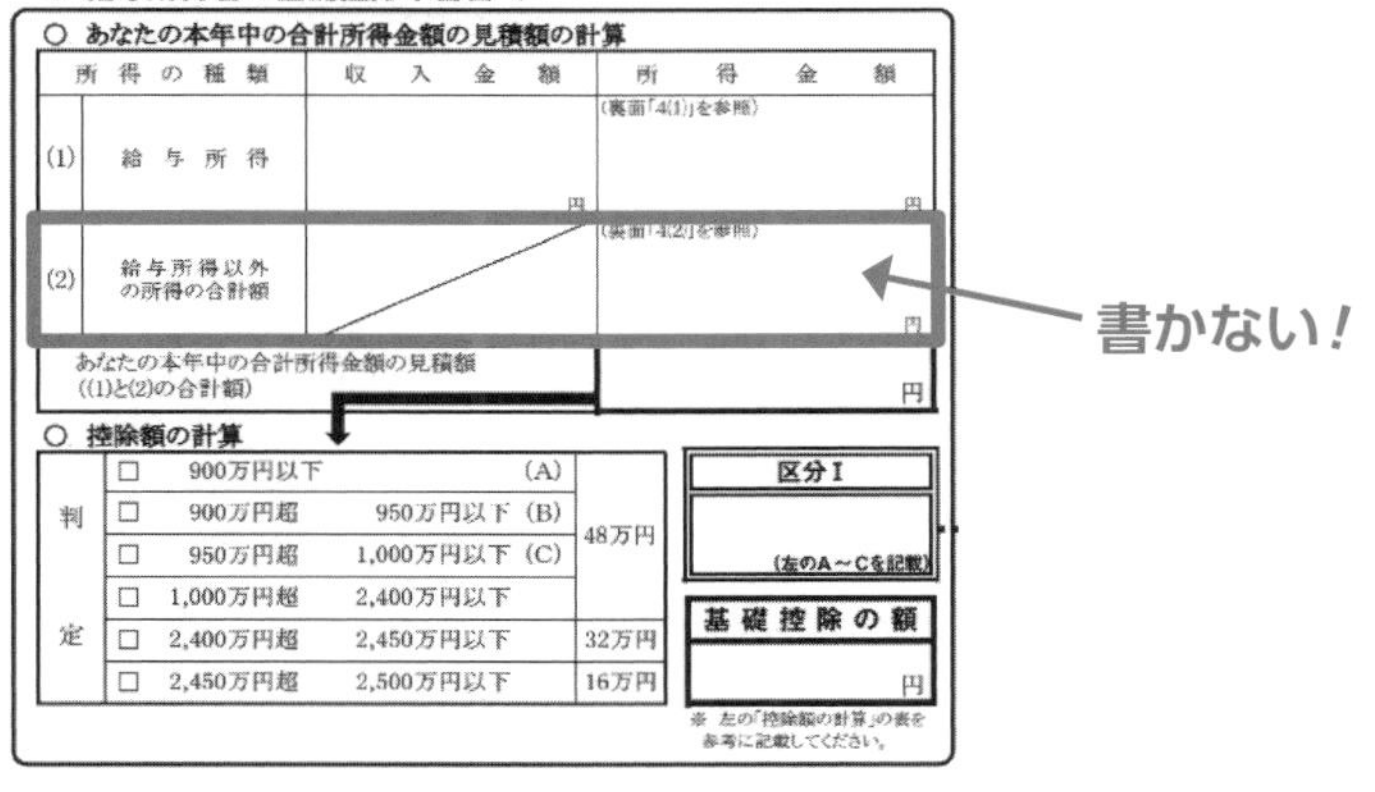

◆ 給与所得者の基礎控除申告書 ◆

○ あなたの本年中の合計所得金額の見積額の計算

	所得の種類	収入金額	所得金額
(1)	給与所得	円	(裏面「4(1)」を参照) 円
(2)	給与所得以外の所得の合計額		(裏面「4(2)」を参照) 円
	あなたの本年中の合計所得金額の見積額((1)と(2)の合計額)		円

○ 控除額の計算

判定		
□ 900万円以下 (A)		48万円
□ 900万円超 950万円以下 (B)		
□ 950万円超 1,000万円以下 (C)		
□ 1,000万円超 2,400万円以下		
□ 2,400万円超 2,450万円以下		32万円
□ 2,450万円超 2,500万円以下		16万円

区分Ⅰ

(左のA～Cを記載)

基礎控除の額

円

※ 左の「控除額の計算」の表を参考に記載してください。

副業の確定申告の方法

給与収入を得ながら事業を行う場合、事業の所得が20万円を超えると確定申告をする必要があります。所得とは「もうけ」のことで、事業所得は売上から必要経費と青色申告特別控除を引いて求めます。

事業所得＝売上－必要経費－青色申告特別控除

確定申告の際には、給与所得に事業所得を足して合計所得を計算します。給与所得は給与収入から給与所得控除を引いて計算しますが、源泉徴収票では「給与所得控除後の金額」（図15の赤枠）に記載されています。

例えば、この源泉徴収票の会社員が副業で事業所得50万円を得ていた場合、合計所得は次のように計算されます。

図 15

支払を受ける者	住所又は居所	××県××市××町1丁目8番7号－301	（受給者番号） （個人番号） （役職名） 氏名 （フリガナ） ニホン タロウ 日本 太郎

種別	支払金額	給与所得控除後の金額	所得控除の額の合計額	源泉徴収税額
	内 千 円	千 円	千 円	内 千 円
給与等	5000000	3560000	1660000	96900

控除対象配偶者の有無等			配偶者特別控除の額	控除対象扶養親族の数（配偶者を除く）							16歳未満扶養親族の数	障害者の数（本人を除く。）			非居住者である親族の数
		老人		特定		老人			その他			特別		その他	
有	従有		千 円	人	従人	内	人	従人	人	従人	人	内	人	従人	人
○											2				

社会保険料の金額	生命保険料の控除額	地震保険料の控除額	住宅借入金等特別控除の額
内 千 円	千 円	千 円	千 円
740000	60000		

（摘用）

給与所得（356万円）
＋事業所得（50万円）
＝合計所得（406万円）

この場合、所得が50万円増加したことにより、所得税約4・8万円、住民税5万円、合わせて約9・8万円納税額が増えると考えられます。

副業が赤字のときの確定申告

副業が赤字の場合は、確定申告の義務はありません。しかし、赤字であっても確定申告をした方が良い場合があります。

例えば、給与所得が356万円で、副業が30万円の赤字だった場合、合計所得は次のように計算します。

給与所得（356万円）＋事業所得（▲30万円）＝合計所得（326万円）

所得が30万円減少したことで、所得税は約1・5万円の還付、住民税は3万円の減額、合わせて約4・5万円税額が少なくなります。

このように事業所得のマイナスを他の所得から引くことを「損益通算」といいます。「雑所得」で申告する場合は「損益通算」は認められていませんので、副業の所得の種類を「事業所得」とするか「雑所得」とするかの判断は重要です。

税務署からのお尋ねに驚いたAさんのケース

正社員として働きながら、パフォーマーの仕事をしているAさんに税務署からお尋ねがありました。コロナの影響で副業の仕事が激減し、前年の売上は20万円未満。事業所得は赤字になり、確定申告をしたところ給与から徴収されている税金が還付されることに。「なかなか振り込まれないなぁ」と思っていたところ、税務署からの呼び出しがありました。帳簿や領収書、通帳を持参するように言われ、税務署へ出向くと、売上が少ないため事業性が疑われたようでした。Aさんはコロナ禍はオンラインで講座をつくり継続的に集客をしていました。講座の募集情報、帳簿や通帳の記録から営業活動を実施した事実も証明でき、無事、税金の還付を受けることができました。

Aさんのように売上が少額であっても、税務署からのお尋ねがある場合もあります。事業所得として申告するためには事業性が認められる必要がありますので、副業の損益通算を「会社員の節税法」のように捉えて起業するのはお勧めできません。事業性の判断については172頁をご覧ください。

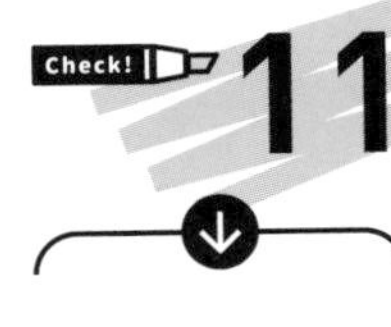

起業しても失業保険を受け取るには

副業の状態から会社を辞める人、会社を辞めて起業する人にとって「失業保険を受給できるのか」は気になるところではないでしょうか。

雇用保険に加入している方が勤め先を辞めて失業状態になり、求職活動を行う場合、求職活動中の生活を保障する目的で「基本手当」が支給されます。

「基本手当」が支給される要件は次の2つです。

・離職日以前2年間に、被保険者期間が通算して原則12月以上あること

・就職しようとする意思があり、いつでも就職できる能力があるにもかかわらず「失業の状態」にあること

■図 16

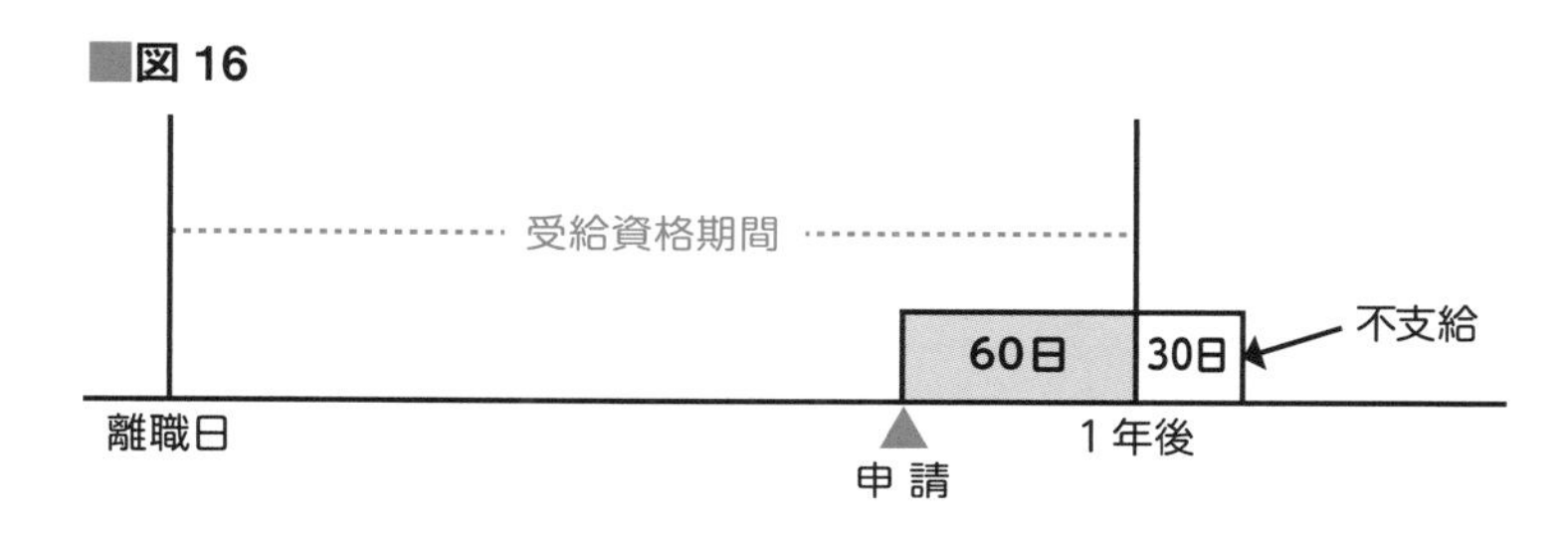

①副業の状態から会社を辞めた場合

雇用されているうちに開業届を出して副業を行っていた方が退職しても、失業状態にはあたりませんので、基本手当を受給することはできません。

この場合、離職日の翌日から1年以内に廃業届を提出し、実態としても副業をやめて、求職活動を行えば、基本手当を受給できるようになります。

ただし、1年以内に所定給付日数（基本手当が支給される日数）を消化する必要があるため、廃業届の提出時期によっては、基本手当を全額受給できない恐れがあります。

例えば、所定給付日数が90日の人が受給期間残り3か月を切ってから申請すると、途中で1年間の期限を迎えることになり、残りの日数分は支給されません。（図16）

②会社を辞めて起業する場合

退職後すぐに起業する場合は「基本手当」を受給することはできませんが、求職活動中に開業準備・検討を行う場合は給付の対象となります。

ただし、求職活動をせずに開業準備をしている場合や、開業届を提出した場合、事務所の賃貸借契約を結んだ場合など開業準備が終了したとみなされると、「基本手当」を受給することはできません。

なお、「起業後廃業の受給期間の特例」の申請を行うと、離職日の翌日から最長4年間(注)受給期間を延長することができます。

例えば離職日の翌日に起業して2年後に廃業した場合、廃業日の翌日から1年間、受給可能期間となります。(図17)

(注) 本来の基本手当の受給期間1年間＋起業等から休廃業までの最長3年間　＝最長4年間

起業後廃業の受給期間の特例の対象になるのは次の方です。

・退職前から起業し退職後に事業に専念する人

■図17

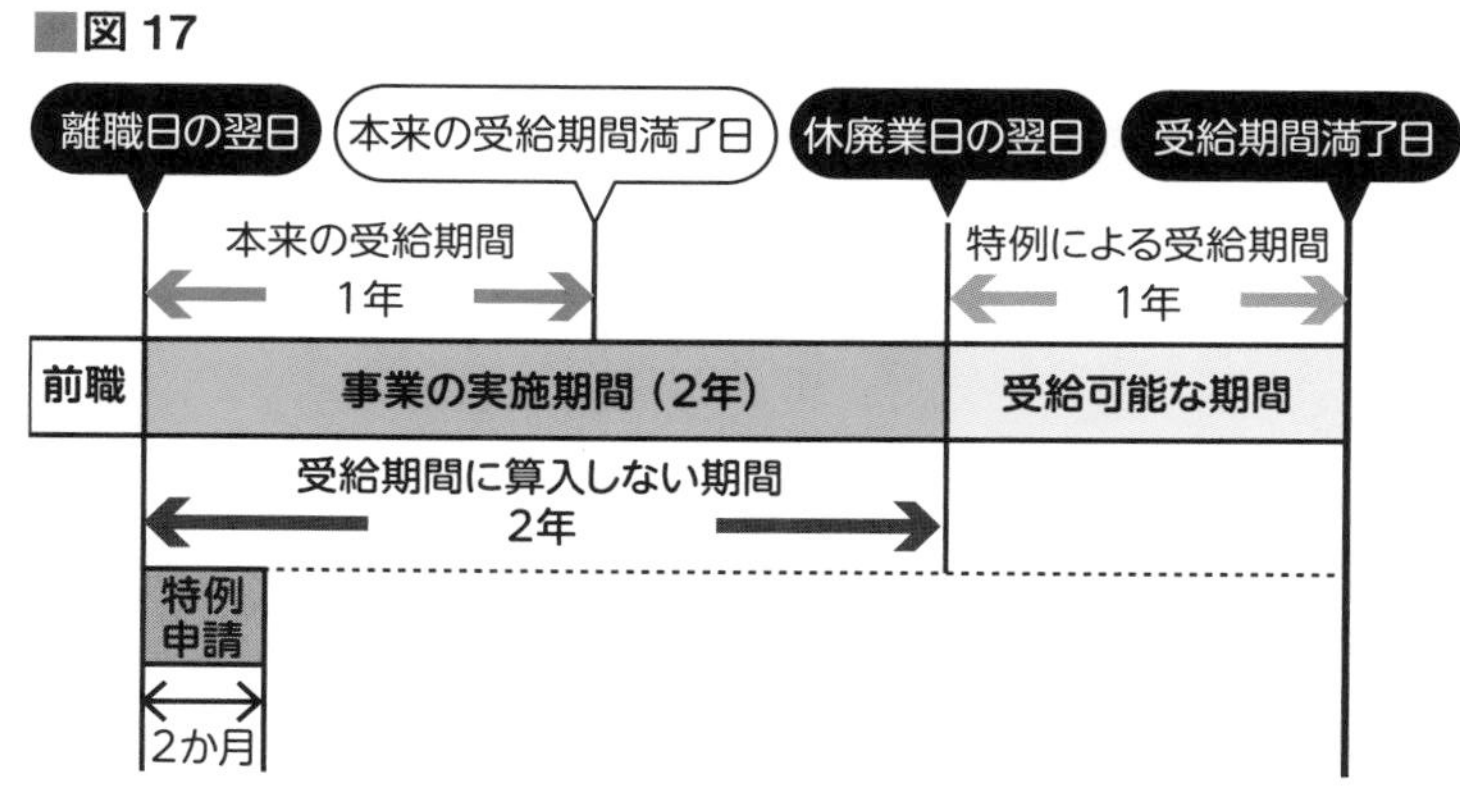

出典：厚生労働省リーフレット

・退職後に起業し事業に専念する人
・退職後に事業の準備に専念する人

この特例を利用するには、事業を開始した日等の翌日から2か月以内に、居住地管轄のハローワークに「受給期間延長等申請書」を提出する必要があります。

万一の廃業に備えて、事業開始後、特例の申請をしておくことがポイントです。

対象要件や添付書類など手続きの詳細は居住地管轄のハローワークに確認してください。

会社員と個人事業主の社会保障の違い

副業が軌道に乗ってくると「会社をやめて事業に専念しよう」と考える方もいると思います。その際、知っておきたいのが社会保障の違いです。

会社員は社会保険料を天引きで徴収されるため、あまり気にならないと思いますが、「独立して国民健康保険料の請求額の高さに驚いた」という方も少なくありません。

また、会社員と比べて格段に保障が少なくなってしまいますので、辞めた後で「改めて会社の有難みが分かった」という声もお聞きします。

「こんなはずではなかった」とならないためにも社会保険の保障の違いについて事前に知っておくことは大切です。

会社員と個人事業主の社会保険の保障内容の違いは、図18のようになります。

■図 18

社会保障制度	会社員	個人事業主
①雇用保険制度 失業や休職のリスク に備える	**【雇用保険】** 基本手当（失業給付） 介護休業給付 育児休業給付	――
②労災保険制度 業務上または通勤中の ケガなどのリスク に備える	**【労災保険】** 医療費全額給付 休業補償 障害補償 遺族補償	――
③健康保険制度 病気やケガ 出産 のリスクに備える	**【健康保険】** 医療費の一部負担 高額療養費制度 傷病手当金 出産育児一時金 出産手当金	**【国民健康保険】** 医療費の一部負担 高額療養費制度 出産育児一時金
④公的年金制度 長生きのリスク 障害のリスク 死亡のリスク に備える	**【厚生年金】** 老齢基礎年金＋老齢厚生年金 障害基礎年金＋障害厚生年金 遺族基礎年金＋遺族厚生年金	**【国民年金】** 老齢基礎年金 障害基礎年金 遺族基礎年金

①雇用保険制度

48頁で述べた通り、会社員やパート等で雇用保険に加入している方は、失業した時の生活保障として「基本手当」を受給することができます。また雇用保険には、失業した時だけでなく、失業の予防給付として「育児休業給付金」「介護休業給付金」などの手当の他、スキルアップのための講座の受講料を20%~70%補助してもらえる「教育訓練給付金」などもあります。

一方、フリーランスや個人事業主は雇用保険の対象になりませんので、仕事がなくなったときの保障はありません。

ただし、取引先の倒産により売掛金が回収できなくなった場合に備えて加入する「経営セーフティ共済（中小企業倒産防止共済制度）」や、廃業した後などの備えとして加入する「小規模企業共済」という退職金制度があります。

「経営セーフティ共済」の掛金は必要経費として計上することができ「小規模企業共済」の掛金は全額所得控除の対象となり、いずれもいざという時は借入も可能です。

廃業への備えとなる共済については、２６６頁をご覧ください。

②労災保険制度

会社員などお勤めの方は、保険料を負担することなく労災保険に加入しています。労災保険では、就業中の傷病だけでなく通勤途中の傷病も補償されています。

一方、フリーランスや個人事業主は、一定の業種について労災保険の特別加入ができますが、どなたでも加入できるわけではなく、保険料は全額自己負担となります。

フリーランスや人を雇わない個人事業主であれば、労働災害に限らず病気やケガに備える「医療保険」や「所得補償保険」で備えても良いと思います。

③健康保険制度

会社員など健康保険に加入している方は、医療費に関して次の保障があります。

・療養の給付：医療費の一部自己負担（原則3割）

・高額療養費制度：ひと月の医療費が高額になった場合、医療費の自己負担額を一定額までとする

健康保険にはこのような医療費にまつわる保障の他、業務外の病気やケガのために4日以上会社を休む場合、4日目以降から通算して最長1年6か月の間、「傷病手当金」が支給されます。

傷病手当金は「標準報酬月額」を基に計算されますが、目安として給与日額の3分の2程度が休業日数に応じて支給されます。

例えば、標準報酬月額30万円の会社員が傷病により30日間働けない状態が続いた場合、傷病手当金は次のようになります。

（30万円／30日）×（2／3）×（30日－3日）＝18万円（非課税収入）

一方、フリーランスや個人事業主は国民健康保険に加入します。医療費の自己負担割合や高額療養費など、医療費に関する給付は健康保険と同じですが「傷病手当金」のような休業補償はありません。

病気やケガで働けないリスクに備えるためには、民間の「所得補償保険」に加入するのが良いでしょう。

なお、民間の「医療保険」は通常、入院に対して支給されることが多いため、直接的に「働けない」リスクに備えるものではありません。

実際「個人事業主だから」と勧められ、複数の医療保険に加入したものの「入院している数日間、給付金を受け取っただけで、働けない期間の収入保障にはならなかった」と嘆いている方もいました。

民間の保険を検討される際は「どのような状態のときに、いつまで、いくら受け取れるか」と、必要な保障と保険の保障内容が合致しているか、具体的に確認してください。

④公的年金制度

公的年金制度は老後の生活保障としての「老齢年金」だけでなく、障害を負った時には「障害年金」、死亡した時には「遺族年金」といくつもの役割を担っています。厚生年金に加入している方は、いずれの保障についても、基礎年金の給付だけでなく厚生年金からの給付が加わり、手厚い保障が備わっていると言えます。

一方、フリーランスや個人事業主は国民年金（基礎年金）にのみ加入しますので、厚生年金に比べると給付が少なくなります。（図19）

1　老後の備え

例えば、老齢年金について、40年間個人事業主であった場合と、会社員として平均的な収入で40年間就業した場合を比較すると年金月額は図20のようになります。平均的な会社員と個人事業主とでは月約9万円の差があることが分かります。

そこで、国民年金の方の公的年金を増額する方法として「国民年金基金」「付加年金」があります。また「個人型確定拠出年金（iDeCo）」については会社員等に比べて高

■図 19

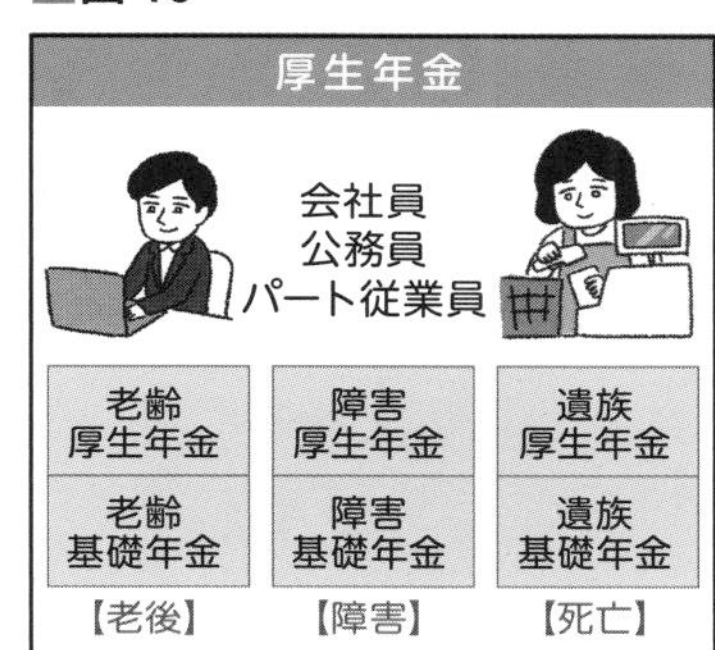

■図 20

国民年金＋厚生年金
158,232 円／月

国民年金
66,250 円／月

令和５年度年金額（日本年金機構）より試算

額な掛金（国民年金基金、付加年金と合わせて月6・8万円まで）が認められています。

ただし、いずれも保険料は自己負担となります。

収入が安定し余裕が出てきたら、これらの制度を検討されてはいかがでしょう。

掛金が全額所得控除になるメリットもありますので、民間の個人年金保険に加入するより賢い選択だと思います。

2 死亡保障

死亡保障である遺族年金については、特に夫が亡くなった場合に、厚生年金と国民年金の差が大きく現れます。

独立開業を検討しておられた会社員のＢさん（夫）の例で、公的遺族年金のしくみについて紹介します。Ｂさんの家族構成は次の通りです。

・夫（Ｂさん）：会社員　47歳（公的年金加入歴24年）
・妻：パート　38歳（第3号・厚生年金加入歴あり）
・子：中学生　13歳

Ｂさんが仮に会社員のまま亡くなったとして、遺された家族に給付される遺族年金を計算すると図21のようになります。

■図 21

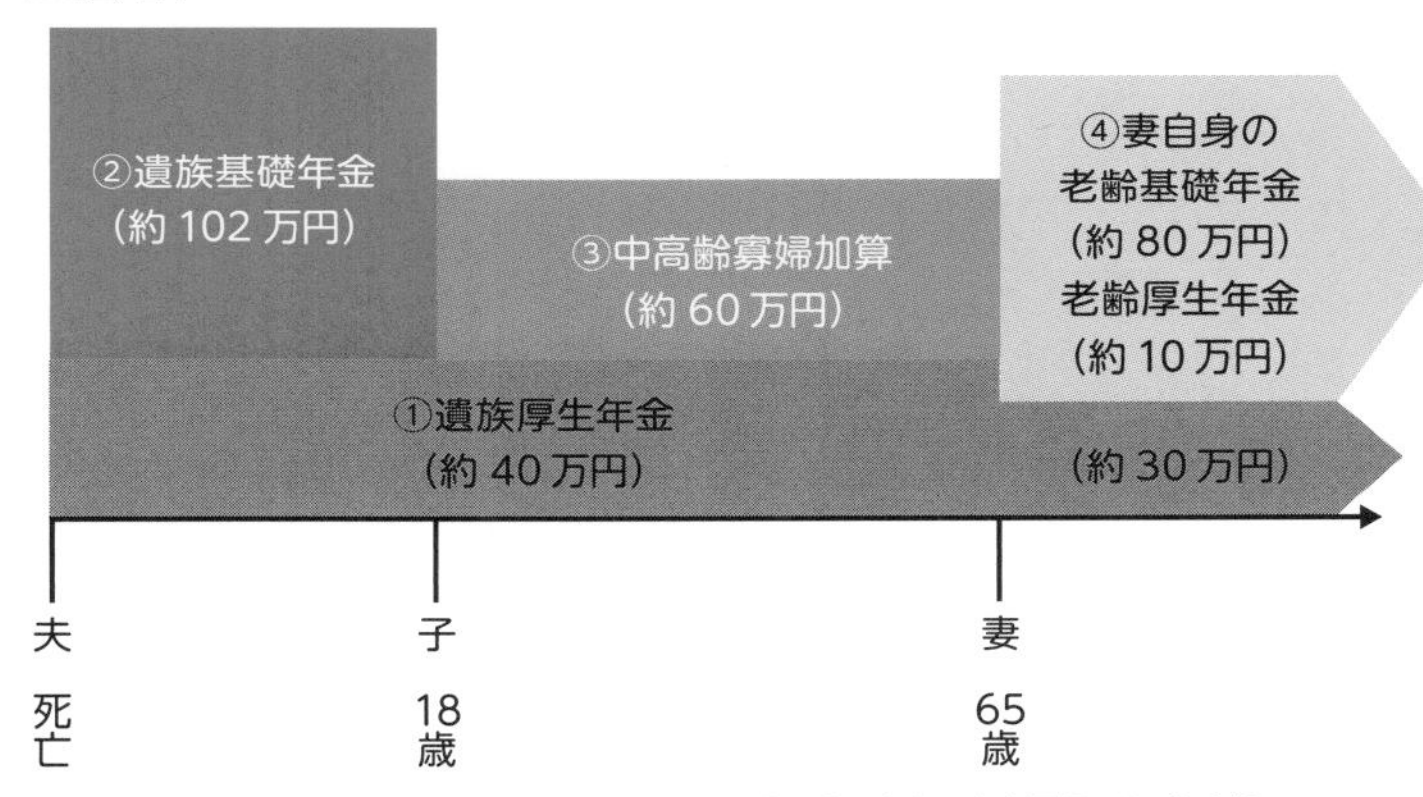

①はねんきん定期便の厚生年金の額から概算　②〜④は令和５年度価額による年金額

まず妻には生涯「①遺族厚生年金」として夫が受け取るはずだった老齢厚生年金の４分の３の約４０万円が支給されます。さらに、お子さんが高校を卒業するまで「②遺族基礎年金」が約１０２万円支給され、その後妻が年金支給開始年齢に到達するまで「③中高齢寡婦加算」が約60万円支給されます。

なお、妻自身の老齢厚生年金が支給されると遺族厚生年金と老齢厚生年金の差額が約30万円支給されるようになります。

このようにBさんに万一のことがあった場合、妻には年額１００万円から１４２万円の保障が既に備わっていることがわかりました。

一方、Bさんが47歳の今、会社を辞めて国民年金に加入して亡くなった場合は、厚生年金から支給される「①遺族厚生年金」「②中高齢寡婦加算」の支給がなくなります。

このケースでは遺された妻が受け取れる遺族年金はお子さんが高校を卒業するまでの年間102万円のみとなりました。（図22）

「自営業者は保障が少ない」「会社員より保険に入る必要性が高い」と言われるのは、このような公的保障の違いからですね。

ただし、公的年金（国民年金＋厚生年金）の加入歴が25年以上あれば、亡くなった時に国民年金に加入していても「遺族厚生年金」が支給されます。

さらに厚生年金の加入歴が20年以上あれば「中高齢寡婦加算」も支給されます。

Bさんはこの時点で公的年金の加入歴が24年ありましたので、今後、国民年金に加入することで、公的年金加入歴が25年に達すれば、その後亡くなった場合は妻に「遺族厚生年金」が支給されます。

ちなみに、わが家はちょうど娘が生まれる年に夫が独立開業しました。

それまでは組織に属して働いていましたので「夫に万一のことがあったら」と思う

■図 22

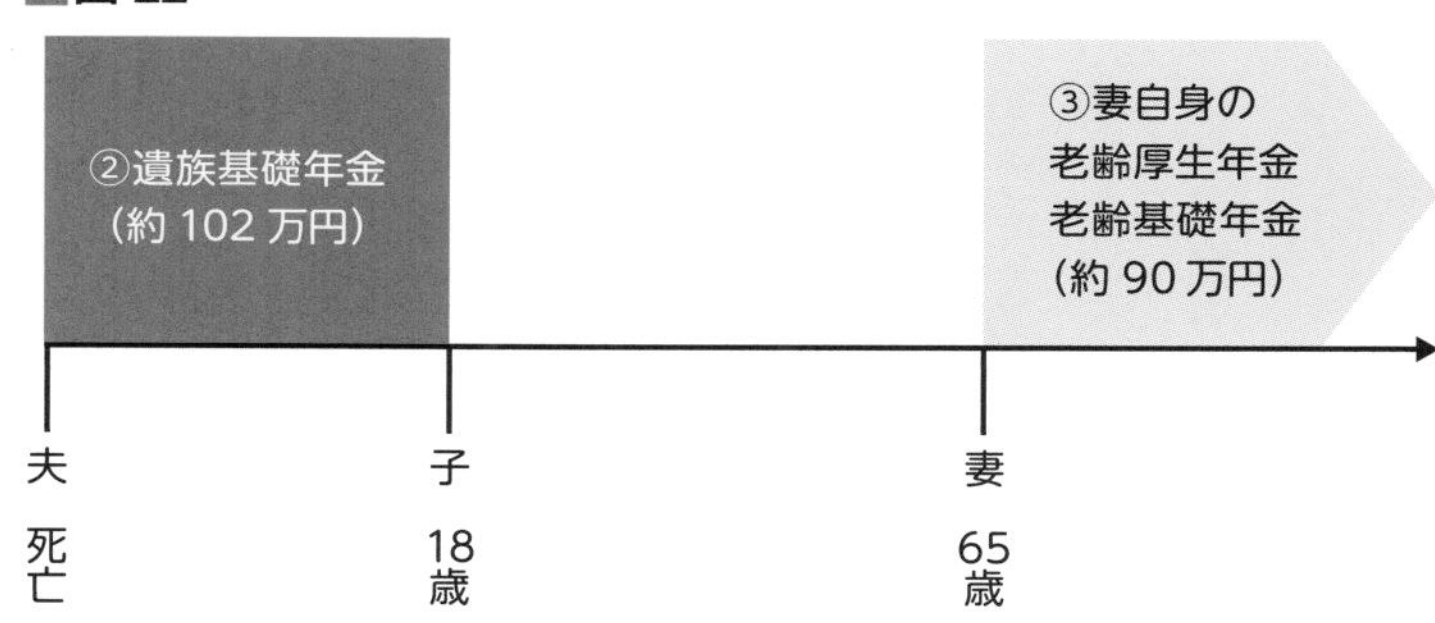

と心細さを覚えました。

保険会社の方からも「ご主人、もう会社員じゃないから大変ですよ」と念を押され、夫が病気で働けなくても、万一亡くなってしまっても生活できるようにと保険を勧められました。

提案された保険を合わせると、一か月の保険料が10万円ほどに。何事もなく夫が60歳を迎えれば2000万円近く掛け捨てになることが分かり、「お金のことを人任せにしていてはいけない」と考え直したことがありました。個人事業主は会社員ほど守られていないこと、個人事業主こそお金の知識が必要なことを痛感した出来事で、この経験もファイナンシャルプランナーの資格を取得するきっかけになりました。

定年後の働き方と在職老齢年金

「年金を受給しながら働くと年金が減らされる」という話を聞いたことはありませんか?

これは「在職老齢年金」という就労収入と老齢厚生年金が調整される制度があるためです。しかし、個人事業主として働く場合、在職老齢年金の制度は関係ありません。

「在職老齢年金」の対象となるのは、次の場合です。

・70歳未満の方が会社に就職し厚生年金保険に加入して働く場合
・70歳以上の方が厚生年金保険の適用事業所で働く場合

つまり、就労収入と厚生年金が調整されるのは、会社等に勤める場合の話です。

個人事業主やフリーランスとして働く場合には「在職老齢年金」の対象とはなりませんので、いくら稼いだとしても年金が減らされる心配はありません。

なお、法人化して社会保険の適用事業所となった場合は、役員報酬が「在職老齢年金」の対象となります。老齢厚生年金の額と、給与や賞与の額に応じて、厚生年金の一部または全額が支給停止となる場合があります。

勤めていた会社と「業務委託契約」を結んで起業したCさんのケース

Cさんは製薬会社を定年退職するにあたり、再雇用の話を断り、会社と「業務委託契約」を結んで、個人事業主として働くことにしました。定年してもなお、組織の中で働くのが性に合わず、自ら「業務委託契約」という働き方を提案したそうです。再雇用では65歳までしか働くことができませんが、「業務委託契約」にしたことで年齢制限もなくなり「在職老齢年金」も気にする必要がなくなりました。何より自分の裁量でやりたい仕事ができると満足そうにお話しされていました。年金というベースの収入があるからこそ、老後は好きなことで自由に働く「起業」という働き方にトライするのも良いですね。

第3章

開業に必要な手続きや準備

事業用の口座を作る

事業のお金と生活費を分けるために、事業用の口座を作りましょう。クレジットカードも事業用を用意して、プライベートな支出と使い分けるのです。

もちろん生活費の口座から経費を支払っても、事業に必要な支出であれば「必要経費」として計上することは可能です。しかし、売上や経費が生活費の中に埋もれてしまうと管理がしづらくなります。口座を分ければお金の流れが把握しやすく、帳簿をつけるのも楽になります。

また、支援金を申請する際に通帳の提示を求められたり、税務署からお尋ねがあった際に通帳を確認されたりすることがあります。その際、プライベートなお金の出入りまで見せるのは気持ちの良いものではないでしょう。

このような理由からも事業用口座を用意することをお勧めします。

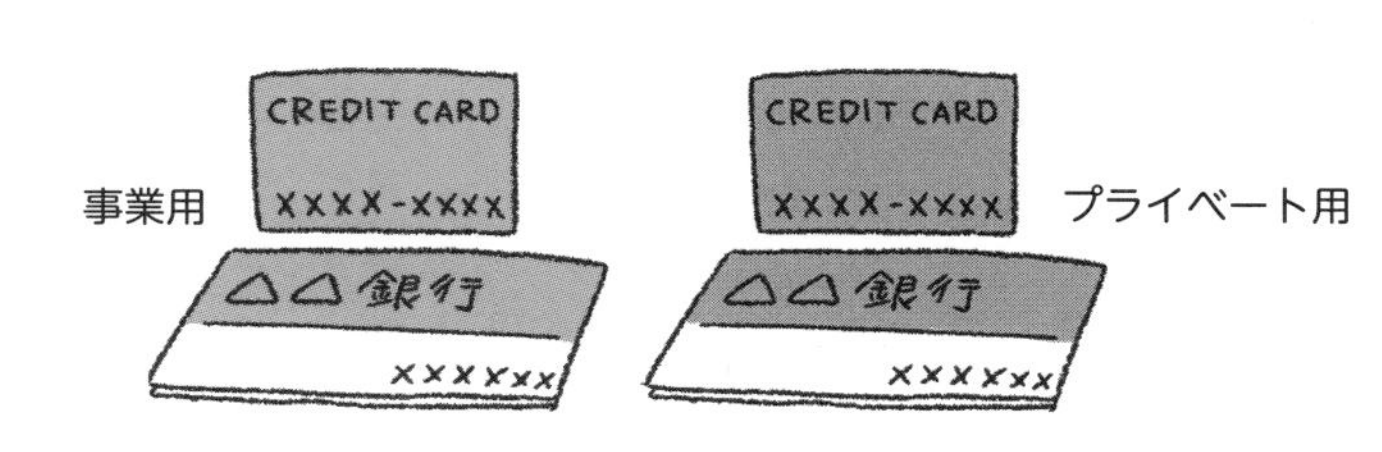

事業用と言っても新たに口座を開設する必要はありません。既にお持ちの口座を「○月からは事業用とする」と決めて、使用しても構いません。

どの金融機関の口座を事業用とするかは、利便性や顧客の状況等から考えましょう。

例えば「地方に住む方の利便性を考え、ゆうちょ銀行で開設した」という方もいます。ゆくゆく借入をする可能性がある方は地元の信用金庫等で口座を持つ方が良いかもしれません。

また、口座の名義を「屋号＋個人名」とする「屋号付き口座」を開設できる金融機関もあります。本名を表に出さず活動したい場合は、振込人名を屋号のみにすることができる金融機関もあります。サービスや手続きの詳細については、金融機関に確認してください。

印鑑の種類と必要性

個人事業主の場合、通常は事業用の印鑑を作る必要はありません。

銀行口座を開設したり、契約を交わしたり、事業において印鑑を使う場面がありますが、個人事業主の場合は個人名の印鑑を使用します。

新たに印鑑を作る必要はありませんし、屋号を入れた印鑑を作る必要もありません。

ただし、弁護士や司法書士など「資格名+個人名」の「職印」が必要な職業もあります。

また、不特定多数の方に領収書を発行するなどの場合には「ゴム印」があると便利です。

ゴム印は、住所、屋号、氏名、電話番号が一度に押せる印鑑で、市販の領収書などを使用する場合は作成しておくと便利です。

■図 23

印鑑の種類	使用場面
実印	不動産賃貸借契約等重要な契約
銀行印	銀行口座を開設する
認印	一般的な契約 領収書や請求書などの書類
訂正印	誤字を訂正するとき

一般的には図23のような場面で印鑑を使用します。

税務署に提出する「開業届」や「確定申告書」などの書類については、２０２１年４月以降、原則、印鑑不要となりました。

また、請求書や領収書についても、税法上は印鑑を押す必要はありません。

ただし「領収書に印鑑がないと経費処理ができない」など取引先の方針によって、印鑑が必要な場合もあります。

最近は領収書や請求書などもメールでやり取りすることが多く、以前に比べると印鑑が必要な場面は減っています。

なお「印鑑を押すことで契約が成立する」と思う方もいますが、法律上（民法）は口約束も契約にあたります。ただ、後々「言った、言わない」のトラブルが生じないために契約書を作成し、その証として押印します。

開業届を出すメリット

「開業届を出さずに仕事をしたら怒られますか？」

「開業届を出していないのに確定申告をしたら怒られますか？」

趣味が高じて仕事になったという方からよくこんな質問を受けますが、どちらも問題はありません。

開業届は個人が事業を開始したことを税務署に知らせる書類で、所得税法に「事業の開始等の事実があった日から1か月以内に提出すること」と定められています。

しかし、罰則規定がありませんので、開業届を出さずに事業を行っていても、罰せられることはありません。

「どのタイミングで開業届を出せば良いかわからなかった」という方は、気づいた時に開業届を提出するようにしましょう。

開業届を出すメリットとして次のようなものがあります。

①青色申告ができる：青色申告を行うためには青色承認申請書とともに開業届を提出する必要があります。

②屋号付き口座の開設ができる：個人事業主の場合、開業届の控えを提出することで口座名義を屋号付きの名前で作ることができます。

③就業証明になる：保育所の申し込みを行う場合、開業届が就労証明書類になります。

④保険・共済に加入できる：賠償責任保険や小規模企業共済などの加入に際し、開業届が必要になる場合があります。

実際、開業届を提出した方からは「事業主としての自覚が芽生えた」「趣味の延長からビジネスに意識が変わった」という声が多く聞かれます。

開業届を出すメリットとして「気持ち」の変化が仕事に与える影響も大きいと思います。

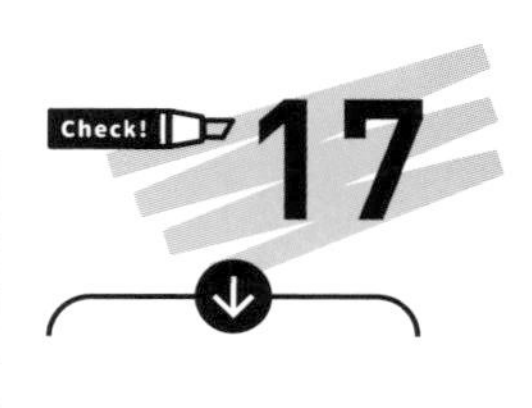

開業届の書き方

開業届は税務署に出向いて提出する、国税庁のサイトから用紙をダウンロードして郵送する、e-Taxで提出する方法があります。用紙で提出の際は必ず2部作成し、受付印が押された控えを保管しておきましょう。

開業届は図24のように記載します。

❶ 納税地

自宅で開業する場合は自宅の住所、自宅以外に店舗や事務所がある場合は自宅でも店舗や事務所の住所でも構いません。事務所と自宅が離れている場合は、所轄税務署が変わる場合もありますので、何かあった時には出向きやすい方にされるのも良いでしょう。また、税務署からの郵送物が納税地の住所に送られてきますので、利便性が高い方にされてはいかがでしょうか。

■図 24

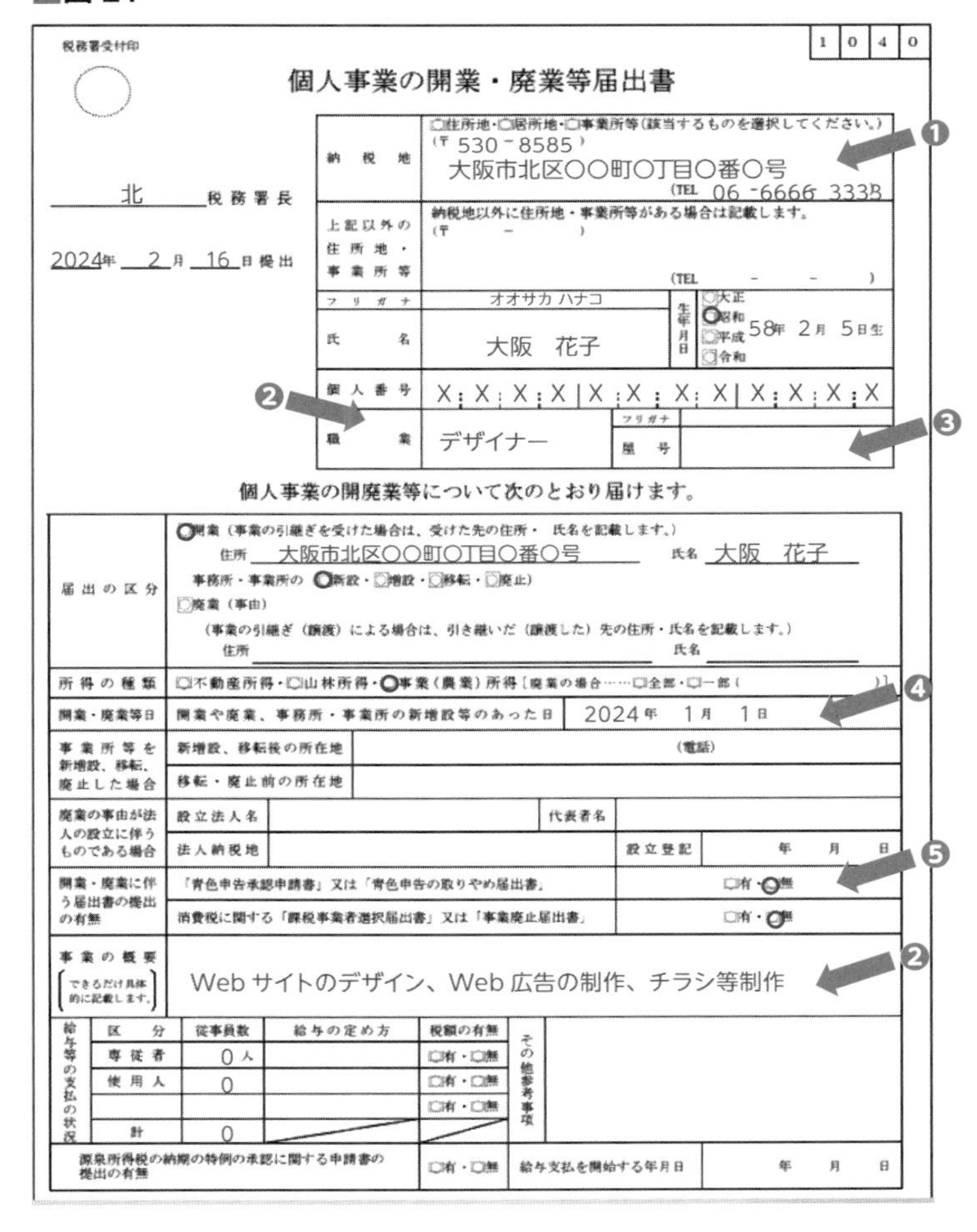

税務署受付印

1040

個人事業の開業・廃業等届出書

北 税務署長

2024年 2月 16日提出

納税地	□住所地・□居所地・□事業所等(該当するものを選択してください。) (〒530－8585) 大阪市北区〇〇町〇丁目〇番〇号 (TEL 06－6666－3338)
上記以外の住所地・事業所等	納税地以外に住所地・事業所等がある場合は記載します。 (〒 －) (TEL － －)
フリガナ	オオサカ ハナコ
氏名	大阪 花子
生年月日	□大正 ○昭和 □平成 □令和 58年 2月 5日生
個人番号	X X X X X X X X X X X X
職業	デザイナー
フリガナ / 屋号	

個人事業の開廃業等について次のとおり届けます。

届出の区分	○開業(事業の引継ぎを受けた場合は、受けた先の住所・氏名を記載します。) 住所 大阪市北区〇〇町〇丁目〇番〇号 氏名 大阪 花子 事務所・事業所の(○新設・□増設・□移転・□廃止) □廃業(事由) (事業の引継ぎ(譲渡)による場合は、引き継いだ(譲渡した)先の住所・氏名を記載します。) 住所 氏名
所得の種類	□不動産所得・□山林所得・○事業(農業)所得〔廃業の場合……□全部・□一部( )〕
開業・廃業等日	開業や廃業、事務所・事業所の新増設等のあった日 2024年 1月 1日
事業所等を新増設、移転、廃止した場合	新増設、移転後の所在地 (電話) 移転・廃止前の所在地
廃業の事由が法人の設立に伴うものである場合	設立法人名 代表者名 法人納税地 設立登記 年 月 日
開業・廃業に伴う届出書の提出の有無	「青色申告承認申請書」又は「青色申告の取りやめ届出書」 □有・○無 消費税に関する「課税事業者選択届出書」又は「事業廃止届出書」 □有・○無
事業の概要(できるだけ具体的に記載します。)	Web サイトのデザイン、Web 広告の制作、チラシ等制作

給与等の支払の状況 区分	従事員数	給与の定め方	税額の有無
専従者	0人		□有・□無
使用人	0		□有・□無
			□有・□無
計	0		

その他参考事項

源泉所得税の納期の特例の承認に関する申請書の提出の有無	□有・□無	給与支払を開始する年月日	年 月 日

❷ 職業と事業の概要

「職業」は決まった書き方があるわけではありませんが、仕事の内容が明確に伝わるよう具体的に記載しましょう。職業欄は事業税に影響します。事業税が課税されない業種があったり、業種によって税率が異なったりします。

「事業の概要」は仕事の内容をさらに具体的に記載します。開業届を提出した後に住所や事業内容が変わった場合、再度、開業届を提出する必要はありません。確定申告の際に変更後の住所や職業を記載してください。

❸ 屋号

「屋号」は空欄でも構いません。開業届を提出した後に屋号が決まったり、屋号が変わったりしても、再度の提出は不要です。

❹ 開業日

「開業日」は提出日から遡って原則一か月以内ですが、それより古い日付であっても受理されます。

■図 25
青色申告承認申請書の申請期限

新規開業した人	事業開始日から 2 か月以内の申請で開業年から青色申告可能
既に開業している人	3 月 15 日までの申請でその年から青色申告可能

⑤ 青色申告承認申請書

青色申告をする方は「有」に○をして、「青色申告承認申請書」を一緒に提出すれば、開業年分から青色申告ができます。

白色申告の方は「無」に○をします。「無」として開業届を提出した後に、「青色申告承認申請書」を提出して青色申告をすることもできます。この場合、事業開始日（または開業日）から2か月以内であれば、開業年から青色申告ができます。

なお、既に開業している方は、その年の3月15日までに「青色申告承認申請書」を提出すれば、その年から青色申告ができます。3月15日を過ぎてしまうと翌年から青色申告を行うことになります。（図25）

白色申告と青色申告の違い

事業を開始すると自動的に白色申告者となります。青色申告を行うには事前に「青色申告承認申請書」を提出する必要があります。

白色申告と青色申告の違いは、「税制上の特典」と「決算書類」の違いです。

青色申告の税制上の特典

青色申告には、次のように利益が出ても損失が出ても得になる特典があります。

①青色申告特別控除

事業所得（もうけ）の計算において、売上から必要経費を引いた後、さらに「最大10万円または最大55万円、最大65万円」を引くことができ、課税所得を減らすことができます。

②青色専従者給与

生計を一にしている配偶者や親族に支払う「専従者給与」は、青色申告では金額に上限がなく、労務の対価として適正な金額とすることができます。

③損失の繰り越し、繰り戻り

損失が出た場合、その損失を翌年以降3年間繰り越すことや、前年に繰り戻して、黒字の年の課税所得を減らすことができます。

白色申告と青色申告の決算書類の違い

確定申告の際、所得（もうけ）を申告する書類として、白色申告では「収支内訳書」を、青色申告では「損益計算書」を作成します。青色申告で最大55万円または最大65万円の特別控除を受ける場合は資産や負債などを申告する「貸借対照表」も作成する必要があります。

なお、青色申告特別控除最大55万円と最大65万円の違いは174頁をご覧ください。

以上、白色申告と青色申告の違いをまとめると、図26のようになります。「貸借対照表」を作成するためには複式簿記で記帳する必要があり、簿記の知識がない方にはなかなか大変です。一方、「損益計算書」は「収支内訳書」と同じく簡易な記帳方法で良く、本書付録のエクセル帳簿で作成が可能です。

つまり「青色申告の特別控除10万円」は、記帳の手間は「白色申告」と同じで、「青色申告」のメリットを享受できるという〝オイシイとこどり〟の申告方法と言えます。

青色申告の申請手続きについては、77頁をご覧ください。

■図 26

	白色申告	青色申告	
特別控除	ー	10万円	55万円/65万円
記帳方法	簡易簿記	簡易簿記	複式簿記
決算書類	収支内訳書	損益計算書	損益計算書 貸借対照表
専従者給与	・配偶者　86万円まで ・配偶者以外一人あたり50万円まで	・労務の対価として適正な金額	
損失		・損失を翌年以降3年間繰り越しが可能 ・前年に繰り戻して還付を受けることも可能	

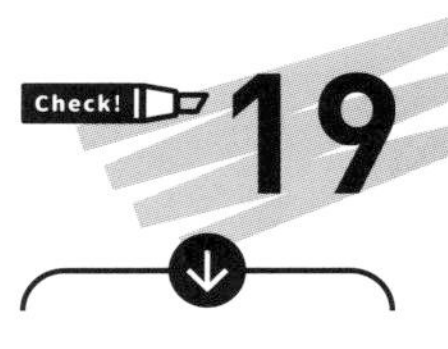

特定商取引法に対応する表記法

事業が次の取引形態であれば、特定商取引法の対象になります。特定商取引法は消費者の利益を守ることを目的とし、違反すると行政処分や罰則が科せられます。

①通信販売：インターネット、雑誌等で広告し、メール、電話等で申込を受ける取引
②訪問販売：消費者の自宅等に訪問して、商品販売や役務提供の契約をする取引
③電話勧誘販売：電話で勧誘を行い、申込を受ける取引
④連鎖販売取引（マルチ商法）：個人を販売員として勧誘し、連鎖的に拡大する取引
⑤特定継続的役務提供：エステや語学教室など長期継続的な役務提供で高額な取引
⑥業務提供誘引販売取引：「仕事を提供する」という口実で、商品等を販売する取引
⑦訪問購入：消費者の自宅等を訪問して、物品の購入を行う取引

各取引類型の特性に応じて、事業者が守るべきルールが定めてありますので、事前に調べて法令を遵守しましょう。

例えば、ＳＮＳなどネットを通じて商品やサービスを宣伝し販売する場合は、「通信販売」に該当します。この場合、「特定商取引法に基づく表記」を販売サイトに掲載しておく必要があります。85頁図27の記載例を参照してください。

事業者の所在地、電話番号の表記は、トラブルが生じた場合や消費者からの問い合わせに備えるためのもので、所在地については現に活動している住所、電話番号については確実に連絡が取れる番号を表示する必要があります。

しかし、個人事業主の場合、自宅の住所や電話番号などの個人情報をネット上に掲載するのは抵抗があるかもしれません。そこで消費者庁から、個人事業主については「消費者からの請求によって、広告表示事項を記載した書面又は電子メール等を遅滞なく提供することを広告に表示し、かつ実際に請求があった場合に遅滞なく提供できるような措置を講じている場合には、事業者の住所及び電話番号の表示を省略することが可能」との考えが示されました。

また、通信販売以外の②〜⑦の取引については、クーリング・オフのルールが定められています。契約締結後一定期間内に消費者から契約撤回の求めがあれば無条件で契約の解除に応じなければなりません。クーリング・オフの期間は次の通りです。

②訪問販売　③電話勧誘販売　⑤特定継続的役務提供　⑦訪問購入	8日間
④連鎖販売取引　⑥業務提供誘引販売取引	20日間

②〜⑦の取引形態の事業者は必要記載事項としてクーリング・オフについてもサイト等に記載する必要があります。

なお、図27の記載例はあくまでも一例です。消費者庁のサイトで必要記載事項を調べて、ご自身の事業に必要な事項を記載しておきましょう。

■図 27

特定商取引法に基づく表記の記載例（物品販売）

販売者名	ハンドメイド・ＳＡＣＨＩ
運営統括責任者	東京幸子
所在地	お客様からの請求にもとづき遅滞なく連絡致します。
電話番号	お客様からの請求にもとづき遅滞なく連絡致します。
メールアドレス	△△△△@△△△．△△.JP
申込有効期限	注文後７日以内とします。
お支払方法	銀行振込（振込手数料を別途ご負担いただきます）
お支払期限	代金は前払いとします。 注文後７日以内にお振込みをお願いします。
引き渡し時期	入金確認後3営業日以内に発送いたします。
販売価格	商品掲載ページに別途記載
商品代金以外の費用	別途、送料がかかります
返品について	商品到着から８日以内に発送してください。 お客様都合の場合は、送料をご負担いただきます。 不良品等の場合は、着払いにてお送りください。 商品到着後３営業日以内に返金致します。

特定商取引法に基づく表記の記載例（役務提供）

販売者名	コーチングオフィス・Ｈａｎａｋｏ
運営統括責任者	大阪花子
所在地	大阪市北区〇〇町〇丁目〇番〇号
電話番号	06 －××××－××××
メールアドレス	△△△△@△△△．△△.JP
申込期限	各セミナー、定員に達するまで先着順にて受付けます
申込有効期限	申込から7日間とします
お支払期限	参加費は前払いとします。 ご予約後７日以内にお振込みをお願いします。
お支払方法	銀行振込、指定口座へお振込みください。 （振込手数料を別途ご負担いただきます）
引き渡し時期	入金確認後3営業日以内に Web 会議システムのアドレスをメールにてお送りします。
販売価格	セミナー案内ページに別途記載
キャンセル・ポリシー	申込後のキャンセルは下記のキャンセル料が発生します。 開催日の６日前から３日前：30% 開催日の２日前：50% 開催日の前日：80% 開催日当日：100%

届出や許可が必要な業種

業種や仕事の内容によっては、届出、営業許可や事業者登録を行う必要があります。事業に関連する法規を確認して、必要な届出等は済ませておきましょう。

次のような事業は規制の対象になります。

①お菓子を作って販売する

食品の製造販売については、食品衛生法の規程により保健所の営業許可が必要です。また、許可を得るためには施設や設備の要件も定められていて、自宅のキッチンで製造したものを販売することは認められていません。詳細は保健所にご確認ください。

なお、料理教室のように作り方の指導を行う場合は、営業許可をとる必要はなく、自宅のキッチンで行っても問題はありません。

②ワインの試飲会を開いて販売する

酒類を販売する場合は、酒税法の規程により酒類販売業の免許を取得する必要があります。詳細は所轄の税務署にご確認ください。

なお、試飲会のみで酒類の販売を行わない場合は、免許を取得する必要はありません。

③旅行を企画して、ホテルや切符を手配する

ツアーを企画して参加者を募集し、ホテルや新幹線などの切符を手配するという行為は旅行業法の規制を受けます。個人で企画する場合であっても観光庁長官または都道府県知事による旅行業者の登録許可を受けなければなりません。詳細は各都道府県の観光課にご確認ください。

④自宅を活用して民泊を始める

住宅宿泊業、いわゆる「民泊」を営む場合は、「住宅宿泊事業法」に基づき、「住宅宿泊事業届出書」を都道府県知事等に届け出る必要があり、建物の構造や安全措置、宿泊者の衛生の確保などの条件をクリアする必要があります。詳細は各都道府県にご確認ください。

⑤副業としてフリマアプリで古着を販売する

中古品を販売する行為は「古物営業法」の規程により「古物商許可」が必要です。副業であっても、頻度や金額が少なくても、事業として継続的に行う意思があれば、申請して許可を得る必要があります。詳細は所轄の警察署にご確認ください。

なお、不要になった服やバッグ、本など、生活に必要な「生活用動産」を一時的な取引として販売する場合は、事業にはあたりませんので申請の必要はありません。

また、このような生活用動産の譲渡については課税対象にあたりませんので、確定申告の必要もありません。ただし、宝石や貴金属、書画、骨とう品などで、1個または1組30万円を超えるものは課税の対象となります。

⑥ハンドクリームを作って販売する

皮膚や毛髪など身体に塗擦、散布するなどして使用されるもので、人体に対する作用が緩やかなものは「化粧品」として「医薬品、医療機器等の品質、有効性及び安全性の確保に関する法律」の規制対象になります。化粧品の製造販売を行うには「化粧品製造販売業」の許可を得る必要があります。詳細は各都道府県の薬務課にご確認ください。

法的規制があることを知らずに違法な状態で事業を行っていたということがないように、事業を開始する際には、届出や営業許可の必要がないか調べて、法令遵守に努めましょう。

事業者として加入すべき保険

業務上の過誤によって他人の身体や財産に損害を与えた場合、損害を賠償する責任を負う可能性があります。

次のような場合、賠償額が多額になることも考えられますので、事業者の責任として賠償リスクに備えておく必要があります。

・料理教室でお客様に火傷を負わせてしまった
・エステサロンで施術後、お客様の皮膚がかぶれてしまった
・ハウスクリーニング中にお客様の家財を壊してしまった
・お客様に提供した食事で食中毒を起こしてしまった

しかし、個人事業主で事業用の賠償責任保険に加入している方は少ないように思います。また「個人賠償責任保険に入っているから大丈夫」と思っている方がいますが、個人賠償責任保険は日常生活で起こる賠償リスクに備える保険で、仕事中の事故には適用されません。

それぞれの業務内容から必要な保障を検討し、備えておきましょう。

事業用の賠償責任保険は、次のようなものがあります。

①業種別賠償責任保険

販売業、情報通信業、製造業など業種に特化した賠償責任保険があります。販売業であれば「販売した商品が原因で賠償事故が発生した場合も補償する」など事業の特性に合わせた補償内容となっています。対象となる業種、対象となる事故、保険料の算定方法などは保険会社によって異なります。

②専門的職業人向け賠償責任保険

弁護士賠償責任保険、薬剤師賠償責任保険、美容師賠償責任保険、エステティシャン賠償責任保険など専門的職業人を対象に、業務上の過誤によって損害を与えた場合の賠償リスクに備える保険もあります。

③会員向け賠償責任保険

商工会議所の会員向け賠償責任保険や、各種団体の会員を対象とした賠償責任保険もあります。

例えば一般社団法人プロフェッショナル＆パラレルキャリア・フリーランス協会では、会員サービスの一環として賠償責任保険が提供されています。年会費1万円で情報提供等の会員サービスも受けながら、フリーランスにありがちなリスクに備えることができます。（図28）

なお、会費につきましては「諸会費」として、必要経費に計上することが可能です。

④施設賠償責任保険

施設の欠陥や管理不備により発生した事故、または業務遂行中の事故により、事業者が法律上の賠償責任を負った場合に被る損害を補償する保険です。

施設の所有者だけでなく、使用者や管理者も契約者となることができますので、場所を借りて出店するような方も個別に契約することができます。例えば、

■図 28

フリーランス協会会員向け賠償責任保険の対象

納品物の瑕疵（かし）
・データ入力の業務を受注したが、商品の発注数等の入力を誤ったことによる営業損害が発生した
・納品したシステムに不具合が生じ、システムの使用不能期間の代替手段に要する費用が発注者に発生した
業務遂行中の事故
・自転車で配達中に通行人とぶつかりケガをさせてしまった
・育児代行等において預かった子供にケガをさせてしまった
偶然な事故による納期遅延
・本人の入院による納期遅延のため発注者に営業損失が発生
・職場の罹災による納期遅延のため発注者から損害賠償請求を受けた
受託財物の破損
・依頼先やレンタルスペース等の壁や設備を誤って壊してしまった
・預かっていた第三者の財物を誤って破損してしまった
著作権侵害
・発注者へ納品した成果物が第三者の盗用にあたるとされ、第三者から損害賠償請求を受けた
・発注者へ納品した成果物が第三者の盗用であるとして発注者に営業損失が発生した
情報漏洩
・納品したシステムの瑕疵があり、発注先の個人情報が流出した
・パソコンがウィルスに感染し、企業情報が漏洩。発注者に営業損失が発生した

出典：一般社団法人プロフェッショナル＆パラレルキャリア・フリーランス協会ホームページ

・お店の看板が外れて下にあった車を傷つけた
・セミナー中に座っていた椅子の足が折れて参加者がケガをした
・カフェの従業員が誤ってコーヒーをこぼし顧客の服を汚した

補償内容は、損害賠償金のほかに、応急措置費用や弁護士費用なども補償されるのが一般的です。

対象となる業種や対象となる事故、保険料の算定方法は保険会社により異なります。

⑤スポーツ安全保険

業務上の事故であっても、事業用の賠償責任保険で補償されないケースがあります。

例えば子ども向け教室で、休み時間に子ども同士がふざけあってケガをしたとします。この場合、事業者に過失がないとみなされ賠償責任保険が適用されない可能性があります。

このようなリスクに備えて加入しておきたいのが「スポーツ安全保険」です。スポーツだけでなく文化的活動、ボランティア活動、地域団体活動なども対象になります。

■図 29

傷害保険	イベント内での事故等により来場者がケガをした時や飲食物の提供による食中毒が発生した時の補償
施設賠償責任保険	施設の管理が原因となって傷害や損害が発生したときに、補償を受けられる保険
動産総合保険	イベント用の機材や展示物、使用物に対する補償
興行中止保険	イベントが中止や延期になった場合の補償

年間数百円からと割安な保険料で、参加者一人ひとりの賠償責任やケガの治療費等を補償します。特に子ども向けの事業の場合は加入しておきたい保険です。

⑥イベント保険

不特定多数の方が参加するイベントを開催するにあたり、参加者や主催者のリスクに備える保険もあります。

イベント保険の主な内容は図29の4つです。保険商品によってどの保険を含むかはまちまちです。イベント保険に含まれる保障内容を把握して、リスクに対応できる保険商品を選びましょう。

第4章 帳簿のつけ方と領収書・請求書

Check! 22

帳簿をつける義務と保存期間

事業を開始したら、帳簿をつけて保存する義務が発生します。

帳簿をつける目的は、1年間（1月1日から12月31日まで）に生じた所得（もうけ）を正しく計算し、申告するためです。

所得が一定以下であれば確定申告をする必要はありませんが、帳簿をつけていなければ申告の必要がないことを証明することもできません。事業を開始したら、確定申告をする・しないに関わらず、日々の取引を記録する必要があります。

また、取引の際に作成した請求書や受け取った領収書類を保存しておく義務もあります。

■図 30

帳簿や関係書類の保存期間

	保存が必要なもの	白色申告	青色申告
帳簿	収入金額や必要経費を記載した帳簿（白色申告） 仕訳帳、総勘定元帳（青色申告）	7年	7年
帳簿	業務に関して作成した上記以外の帳簿（白色申告） 売掛帳、買掛帳、固定資産台帳など（青色申告）	5年	7年
書類	決算に関して作成した棚卸表（棚卸しが必要な人） 収支内訳書（白色申告）、 損益計算書、貸借対照表（青色申告）など	5年	7年
書類	業務に関して作成し、又は受領した請求書、見積書、契約書、納品書、送り状など	5年	5年
書類	現金預金取引等関係書類として、領収書、借用書、小切手控え、預金通帳、など	ー	7年

出典：国税庁

帳簿等の種類や保存期間は白色申告か青色申告かによって異なります。（図30）

白色申告の場合、帳簿は7年、領収書類は5年保存しましょう。青色申告の場合、帳簿も領収書も原則7年保存するようにしましょう。

なお、事業を開始すれば自動的に「白色申告者」となり、「青色申告承認申請書」を提出すれば「青色申告者」となります。

白色申告と青色申告の違いについては78頁をご覧ください。

白色申告の帳簿のつけ方

白色申告の場合、小遣い帳のようなイメージで収入と支出を記録していきます。具体的には次の4つを記帳します。

・**日　付**：取引があった日
・**勘定科目**：取引内容を分かりやすく分類したもの
・**金　額**：取引の総額
・**摘　要**：相手方の名称や取引の事由（事業との関連性）

ノートなどに、図31のように記載すれば手書きでも立派な帳簿になります。しかし、この方法はあまりお勧めしません。なぜなら、帳簿をつける目的は1年間の所得（もうけ）を計算すること、白色申告であれば「収支内訳書」を作成することだからです。

■図 31

日付	勘定科目	金額	摘要
3/1	売　上	11,000	相談料として／●●●●様
3/1	交通費	600	○○駅～◇◇駅／▲▲電車
3/1	消耗品費	2,500	コピー用紙／■■ネット商店

「収支内訳書」には収入や必要経費について、勘定科目ごとに1年間の合計金額を記載する必要があります。このような帳簿のつけ方をしていると、集計作業が大変です。

そこで、本書では日々の取引を入力するだけで自動的に「収支内訳書」が完成する「エクセル帳簿」を付録として準備しています。

拙著『女性ひとり起業スタートBOOK』の付録としてもお配りしましたが、読者の方々から「日々の取引を入力しただけで確定申告作業の半分が終わっていた」と喜んでいただいています。270頁のQRコードからダウンロードして、ご活用ください。

青色申告であっても、特別控除最大10万円であれば、白色申告と同じ記帳方法で確定申告が可能ですので、本書付録の「エクセル帳簿」をご活用ください。

なお、付録の「エクセル帳簿」はMicrosoft OfficeのExcelだけでなく、Googleスプレッドシートでもご利用いただけます。

青色申告の帳簿のつけ方

青色申告は、青色申告特別控除の金額によって帳簿のつけ方が変わります。（図32）最大10万円の青色申告特別控除を受けるために作成すべき「損益計算書」は、1年間の所得（もうけ）を計算する書類で、白色申告の「収支内訳書」とほぼ同じです。帳簿のつけ方も白色申告と同じですから、本書の付録「エクセル帳簿」を利用して確定申告が可能です。

一方、最大55万円、最大65万円の青色申告特別控除を受ける場合は、「損益計算書」の他に、資産や負債の状態を報告する「貸借対照表」を作成する必要があります。「貸借対照表」は現預金や売掛金など資産の残高、借入金や未払金など負債の残高などを記載し、売上と経費以外の勘定科目が登場します。

■図 32

青色申告特別控除	最大 10 万円	最大 55 万円、最大 65 万円
決算書類	損益計算書	損益計算書、貸借対照表
帳簿の種類	簡易帳簿	複式簿記による帳簿

■図 33

日付	借方	貸方	摘要
3/1	現金　11,000	売上　11,000	相談料として／●●●●様
3/1	交通費　600	現金　600	○○駅～◇◇駅／▲▲電車
3/1	消耗品費　2,500	未払金　2,500	コピー用紙／■■ネット商店

■図 34

日付	借方	貸方	摘要
5/20	未払金　2,500	預金　2,500	3/1 コピー用紙／■■ネット商店

例えば、前出の取引（図31）を複式簿記で記帳すると図33のようになります。

このうち消耗品をクレジットで決済して、後日、銀行口座から引き落されたとすると「預金残高が減って、未払金も減った」という仕訳として、図34のような記帳が必要になります。

このように簿記のルールに従って、1つの取引につき借方と貸方に仕訳していくため、簿記の知識も必要になります。また、複式簿記の場合は会計ソフトを利用するため、少なからずコストもかかります。個人差はありますが、会計ソフトを使いこなせず苦戦しているという声もお聞きします。

青色申告の特別控除65万円にするメリット

青色申告において最大55万円または最大65万円の特別控除を受けるためには複式簿記による記帳が必要です。

複式簿記による記帳は簿記や会計の知識がない方にとってはハードルが高いと思います。また専用の会計ソフトを利用しますので、費用的なコストと、ソフトに慣れるための労力も要します。

複式簿記で高額な特別控除を受けるのが良いのか、簡易帳簿で10万円までの控除を受けるのが良いかについては、控除の効果だけでなく、会計業務の負担も考慮して判断してください。

では、65万円の特別控除にトライするメリット、つまり10万円の特別控除と65万円の特別控除の差はいくらあるのでしょうか。

一見「55万円の差」があるように見えますが、55万円は控除額の差であって、税額の差ではありません。

特別控除の効果は控除額に税率を掛けた金額となります。課税所得が195万円未満（所得税率5％）であれば、所得税と住民税合わせて約15％の約8万3千円の差となります。会計業務を外注して8万3千円以上の手数料を支払ったり、会計業務に手間をとられて営業活動に支障をきたしたりするようであれば、本末転倒です。

そもそも高額な控除を受ける必要がなければ、複式簿記にする必要はありません。どなたにも48万円の基礎控除がありますから、事業のみを行う方はもうけが58万円以下であれば、最大10万円の特別控除で十分ということになります。

「会計業務を外注できるほど売上があがってきた」「課税所得が増えて65万円にするメリットが大きくなった」という段階で複式簿記にトライされてはいかがでしょうか。それまでは、特別控除最大10万円の青色申告で会計業務に慣れておきましょう。

売上の記帳方法と計上のタイミング

商品やサービスを提供した際に、お客様から受け取る代金のことを売上と言います。「いつ？　いくら？」など売上の計上に迷った時は、次のことを参考にしてください。

①売上として計上する金額

売上額は取り引き価格である消費税込みの金額です。何らかの理由で値引きをする場合は、売上を計上した後、値引き額を計上します。

②売上を計上するタイミング

売上を計上する日付は、商品の販売であれば商品を引き渡した日、サービスであれば役務の提供を行った日です。

■図35

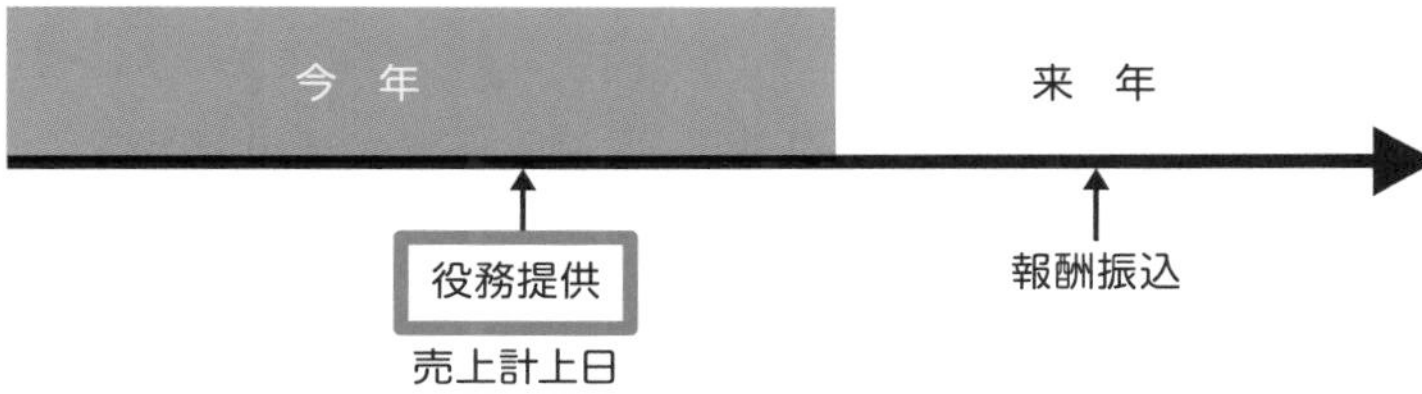

今年　来年
役務提供
売上計上日
報酬振込

■図36

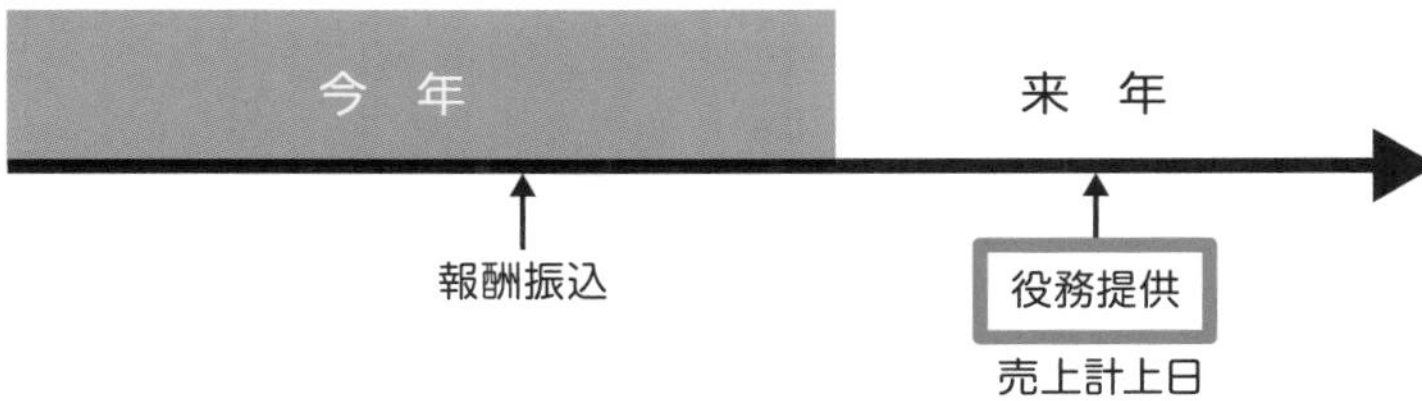

今年　来年
報酬振込
役務提供
売上計上日

年内に行った仕事の対価が翌年に振り込まれる場合はまだ対価を受け取っていなくても今年の売上とします。（図35）

逆に、年内に対価を受け取って翌年サービスの提供を行う場合では対価を受け取っていても来年の売上とします。（図36）

このようにお金のやり取りに関係なく、取引が発生した事実に基づいて記帳することを「発生主義」と言い、必要経費も発生主義で計上します。

一方、お金の動きに合わせて取引を記帳する方法を「現金主義」と言います。現金主義が認められるのは、その年の前々年分（2年前）の所得が300万円以下の青色申告者で、事前に届出が必要です。

③源泉徴収されている場合

法人等から報酬を得る個人は、報酬から所得税が源泉徴収され、差額が支払われます。

例えば、図37のような報酬を受け取った場合、売上はいくらとして計上すべきでしょうか。

差引振込額99790円を売上とする方がいますが、それは間違いです。売上として計上する金額は取り引きの対価なので11万円です。

なお、源泉徴収税は、所得税の前払いですから確定申告をして精算します。源泉徴収と確定申告の関係については168頁をご覧ください。

■図 37

業務委託料	100,000円
消費税	10,000円
源泉徴収税	▲ 10,210円
差引振込額	99,790円

請求書の書き方

①一般的な請求書の書き方

開業して間もない頃、請求書の発行を求められて戸惑ったという声も耳にします。請求書は提供した商品やサービスの対価の支払いを求める大切な書類ですが、決まった様式はありません。図38のように「日付」「宛名」「発行者」「請求額」「取引内容」「支払方法」を記載します。

なお、インボイス発行事業者は適格請求書の交付義務がありますので、第7章の適格請求書（インボイス）の書き方をご覧ください。

消費税については総額表示が義務付けられています。図38のように消費税込みの金額で記載しても、図39のように消費税を別に記載しても構いませんが、かならず消費税込みの合計額を記載するようにしてください。

■図 38

2024 年 2 月 1 日

請　求　書

○○○○様

テーブルウエア HANA
大阪　花子
大阪市北区○町○-○-○
TEL　06-1234-5678

下記の通りご請求申し上げます

請求金額（税込み）￥１９,８００円

品名	単価	個数	金額
コーヒーカップ&ソーサー（茶）	2,200 円	6	13,200 円
ケーキ皿（M）	1,100 円	6	6,600 円
合　計　金　額（消費税込み）			19,800 円

支払期限：2024 年 2 月 28 日

支払先口座：○○銀行　○○支店　普通○○○○○○○　オオサカハナコ

※振込手数料はご負担くださいますようお願い致します。

■図 39

品　名	単　価	個　数	金　額
コーヒーカップ&ソーサー（茶）	2,000 円	6	12,000 円
ケーキ皿（M）	1,000 円	6	6,000 円
消費税（10%）			1,800 円
合　計			19,800 円

②源泉徴収ありの請求書の書き方

個人が法人等から講演料や原稿料などの報酬を受ける場合は、所得税を源泉徴収されます。事業者に請求する場合は、源泉徴収の対象になるか否かを確認してください。源泉徴収の対象であれば「源泉徴収あり」の請求書を発行します。

例えば、デザイン料は源泉徴収の対象になりますので、図40のように記載します。記載例のように報酬と消費税を分けて記載する場合は報酬額を源泉徴収の対象とすることができますが、区分していない場合は消費税の額を含めた金額が源泉対象となります。

なお、インボイス発行事業者は適格請求書の交付義務がありますので、第7章の適格請求書（インボイス）の書き方をご覧ください。

■図 40

2024 年 2 月 1 日

請　求　書

株式会社〇〇〇御中

デザインオフィス HANA
大阪　花子
大阪市北区〇町〇-〇-〇
TEL　06-1234-5678

下記の通りご請求申し上げます

請求金額（税込み）¥９９,７９０円

	内　容	金額
	２月　１日納品分　ＨＰ用イラスト６点	30,000 円
	２月 15 日納品分　ＬＰデザイン料	70,000 円
① 小　計		100,000 円
② 消費税（①×10%）		10,000 円
③ 合　計（①＋②）		110,000 円
④ 源泉徴収税額（①×10.21%）		10,210 円
⑤ 差引請求額（③—④）		99,790 円

支払期限：2024 年 2 月 28 日

支払先口座：〇〇銀行　〇〇支店　普通〇〇〇〇〇〇〇　オオサカハナコ

※振込明細書をもって領収の証とさせていただきます。
別途、領収書が必要な場合は、お知らせくださいますようお願い致します。

Check! 28

領収書の書き方

領収書は金銭が受け渡しされた事実を証明する書類で、二重請求や過払いの防止、税務上経費であることを証明するなどの役割があります。

領収書の発行について税法上の義務はありませんが、民法の規定により支払者から領収書の発行を求められた場合は、発行の義務が生じます。

領収書の書き方に決まった様式はありませんが「日付」「宛名」「発行者」「金額」「取引内容」が分かるよう記載します。（図41）

記載金額が5万円以上の領収書には、収入印紙を貼って消印を押す必要があります。

領収書の記載金額が5万円以上100万円以下の場合は、200円の収入印紙を貼ります。（図42）

ただし、記載金額が5万円以上であっても、電子メールに添付して送る場合など、

■図 41

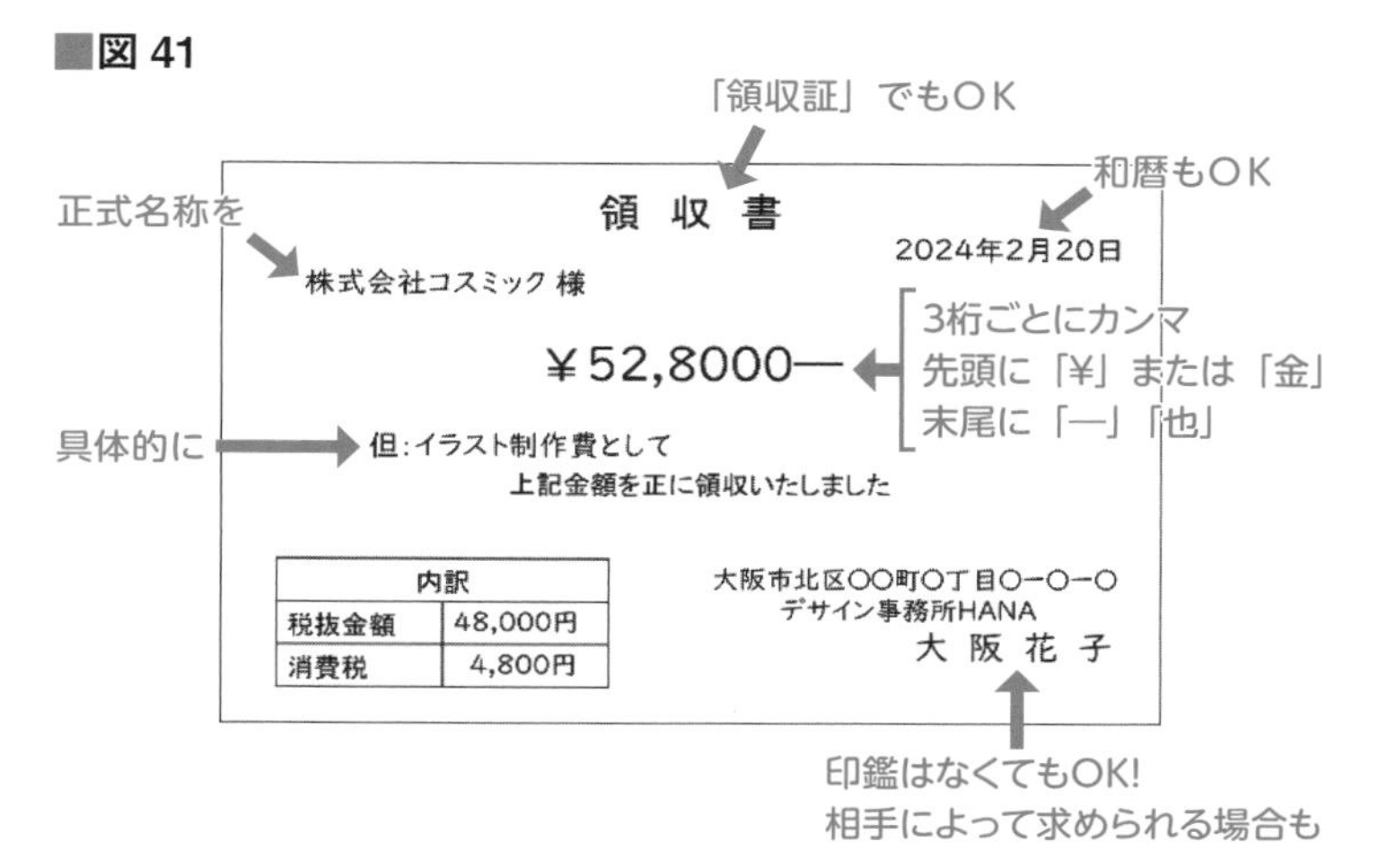

「領収証」でもOK
和暦もOK
正式名称を
領 収 書
2024年2月20日
株式会社コスミック 様
3桁ごとにカンマ
先頭に「¥」または「金」
末尾に「—」「也」
¥52,8000—
具体的に
但:イラスト制作費として
上記金額を正に領収いたしました
内訳
税抜金額 48,000円
消費税 4,800円
大阪市北区〇〇町〇丁目〇−〇−〇
デザイン事務所HANA
大 阪 花 子
印鑑はなくてもOK!
相手によって求められる場合も

■図 42

売上代金の受取書の印紙税額

領収書の記載金額	印紙税額
5万円未満	非課税
5万円以上 100万円以下	200円
100万円超 200万円以下	400円
200万円超 300万円以下	600円

出典：国税庁

領収書を紙で発行しない場合は収入印紙を貼る必要はありません。

なお、図41の記載例のように消費税額等が区分記載されている場合は、消費税抜きの金額を記載金額とすることができます。この場合は税抜金額が5万円を超えていないため、収入印紙を貼る必要はありません。

Check! 29

領収書のもらい方

買い物をした時や飲食店で食事をした時、領収書やレシートを受け取っていますか？

事業を開始したら、確定申告をする・しないに関わらず、帳簿をつけると同時に、領収書類を保存する義務が生じます。

「開業した当初はうっかり領収書を受け取るのを忘れて、経費計上を諦めた」という話もお聞きします。

また、開業前の支出も「開業費」として経費にできるものもあります。

領収書等を受け取る習慣がない方は、日頃から意識して領収書類を受け取るようにしましょう。

領収書類とは支払いがあったことを証明する書類です。「日付、宛名、発行者、但し書き、金額」が分かれば良いので、レシートや請求書、取引の内容が分かるメール

■図43
出金伝票の記載例

出金伝票
No.
2024年 2月 1日

コード		支払先	イタリアン ボーノ 06-666-8888 様

勘定科目	適用	金額
会議費	打合せ飲食代	1800
	○○様、××様	
	▲▲セミナーの件	
合計		1800

でも構いません。

「いつ、何を買って、誰に、いくら」支払ったという事実を証明できるよう関係書類を保存しておけば良いわけです。

しかし、領収書やレシートをもらえないケースもあると思います。

例えば、自動販売機で購入したもの、仕事上のお付き合いで支払った祝金、飲食店で個別精算ができなかった交流会の費用など、領収書を受け取れなかった場合は、出金伝票に自分で記入して、領収書と同じように保管しておきましょう。（図43）

出金伝票は文具店や100円ショップで購入できます。

領収書の保管の方法

領収書類の保管方法については特に決まりはありません。「領収書はノートに貼るもの」と思い込んでいる方もいますが、その必要はありません。領収書を貼る作業は結構大変です。必要な時に探せるように保管しておけばどんな方法でも構いません。

一例としてクリアポケットファイルを活用する方法を紹介します。20ポケット程のクリアポケットファイルに「1月」「2月」「3月」……「12月」のインデックスをつけ、領収書類をその都度、ポケットに入れておきます。（図44）

■図 44

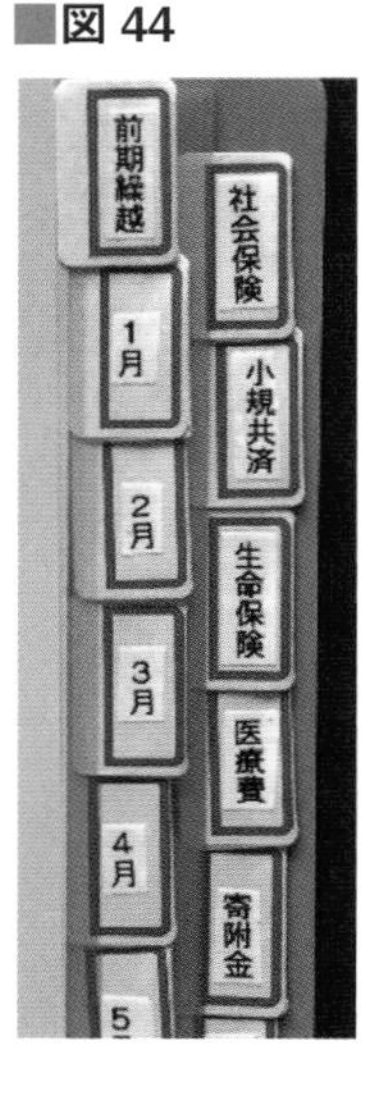

また、確定申告に関係する他の書類についても同じファイルに保管すれば、確定申告の際、必要な書類を探したり、申告を忘れることがなくなります。

■図 45

インデックス	主な証明書類
①社会保険料	国民年金、国民健康保険の保険料の控除証明書
②小規模企業共済	小規模企業共済、iDeCoの掛金の控除証明書
③生命保険料等	生命保険、医療保険、介護保険、個人年金保険、地震保険の保険料控除証明書
④医療費	病院や歯科の受診費、薬局等で購入した薬など医療費の領収書、やむなくタクシーを利用した場合はタクシー代の領収書
⑤寄附金	ふるさと納税、その他寄附金控除の対象となる寄附の領収書
⑥源泉税	報酬等から所得税を源泉徴収されている時に発行される支払調書 給与を得ている方は源泉徴収票

確定申告の主な関係書類には、上記のようなものがあります。(図45)

領収書類の保存期間は個人事業主の場合、申告方法によって異なります。

- **白色申告**：5年間
- **青色申告**：7年間

白色申告であれば、クリアポケットファイルが6冊あれば常に過去5年分を保管することができます。

なお、確定申告の際、領収書を提出する必要はありません。

税務署からのお尋ねがあった場合には、いつでも提示できるよう領収書類を保存しておきましょう。

電子帳簿保存法への対応

帳簿類は印刷して保存し、領収書類も紙で保存するのが原則ですが、「電子帳簿保存法」の施行により、２０２４年1月1日から「電子取引」についてデータでの保存が義務化されました。

「電子取引」とは、取引情報（請求書や取引明細書、領収書等）が電子データで授受された取引を言います。

例えば、次のような取引が「電子取引」です。

・ネットショップで物品を購入し、請求書等がメールで届いた

・得意先から支払明細がメールで送られてきた

「電子取引」については、書類を印刷する必要はなく、データのまま保存し、必要に応じて提示できるように整理しておく必要があります。

一方、紙で受け取った領収書や郵送で届いた請求書等は、これまで通り「紙」で保存しておけば大丈夫です。

「電子取引」については、次の3つの対策を実行しましょう。

①改ざん防止のための事務処理規程を定め順守する

事務処理規程については、国税庁が作成している個人事業主用のサンプルを123頁に掲載しましたので参考にしてください。

②電子データとして保存し、求めに応じて提示できるようにする

領収書や請求書などのデータのファイル名に「日付、金額、取引先」を付すなど規則性をもたせるなどして、原則として検索できるように保存することが求められます。

しかし、基準期間（2課税年度前）の売上高が5000万円以下の事業者については、検索機能は不要となりました。

したがって、電子取引データは消さずに、後で探せるように保存しておきましょう。

例えば、メールソフト内に「領収書」フォルダを作成して、メール添付で届いた領収書については、メールごと「領収書」フォルダに移しておくという方法でもＯＫ。

③ディスプレイとプリンターを備える

税務職員の求めに応じて指定されたデータを速やかに出力できるように備えておきましょう。小規模事業者の方は以上３つの対策を講じておけば、電子帳簿保存法の義務を果たすことができます。

電子帳簿保存法には、「電子取引」の他に次の２つの制度がありますが、どちらも選択は任意です。

・**電子帳簿等保存**：帳簿類をデータのまま保存可能
・**スキャナ保存**：紙で受け取った書類をスキャナで読み込んでデータとして保存可能

「電子帳簿等保存」「スキャナ保存」については、改ざんを防止するためのシステムの導入にコストがかかり、作業負担も重くなりますので、小規模な事業者には必要ないと思います。

電子取引データの訂正及び削除の防止に関する事務処理規程

この規程は、電子計算機を使用して作成する国税関係帳簿書類の保存方法の特例に関する法律第７条に定められた電子取引の取引情報に係る電磁的記録の保存義務を適正に履行するために必要な事項を定め、これに基づき保存することとする。

（訂正削除の原則禁止）

保存する取引関係情報の内容について、訂正及び削除をすることは原則禁止とする。

（訂正削除を行う場合）

業務処理上やむを得ない理由（正当な理由がある場合に限る。）によって保存する取引関係情報を訂正又は削除する場合は、「取引情報訂正・削除申請書」に以下の内容を記載の上、事後に訂正・削除履歴の確認作業が行えるよう整然とした形で、当該取引関係情報の保存期間に合わせて保存することをもって当該取引情報の訂正及び削除を行う。

一　申請日
二　取引伝票番号
三　取引件名
四　取引先名
五　訂正・削除日付
六　訂正・削除内容
七　訂正・削除理由
八　処理担当者名

この規程は、令和○年○月○日から施行する。

出典：国税庁「電子帳簿保存法関係」サイト

第5章

必要経費と勘定科目

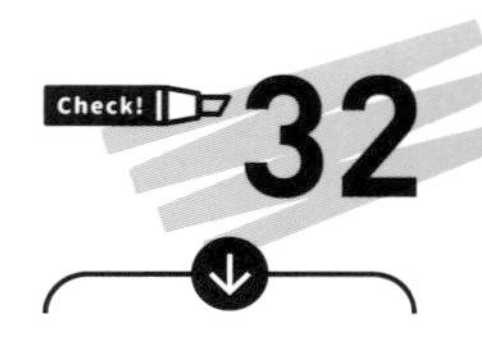

必要経費とは

必要経費といえば「材料費や消耗品、交通費くらい」と思っていませんか？

開業して間もない方の中には、必要経費について狭く捉えて、本来計上できる経費を計上していない方が多いように思います。

必要経費は負担する税金にも、扶養の要件にも影響を与えますので、漏れなく、また適切に計上したいものです。

所得税法では必要経費に算入できる金額として次のように定められています。

①その年の収入に対応する売上原価や収入を得るために直接要した費用の額
②その年に生じた販売費、一般管理費その他業務上の費用の額

要するに「収入を得るために必要とした費用」であれば「必要経費」になるということです。

友人とおしゃべりを楽しんだお茶代は必要経費になりませんが、打ち合わせのお茶代は必要経費になります。

仕事のためにSNSを活用している方はスマホやインターネット環境を維持する通信費の一部が必要経費になると考えられます。また、自宅サロンとして一室を専用の部屋にしている場合、自宅の家賃等の一部を必要経費にできる可能性があります。

「何のために必要な支出だったか」と考えれば、必要経費か否か判断できますね。

「何が必要経費になるのか」については、次頁以降で「勘定科目」をもとに具体的に紹介します。

勘定科目とは

「勘定科目」とは取引の内容を分類するための名称です。帳簿をつけるために使用しますが、帳簿をつけるゴールは「収支内訳書」（青色申告の場合は「損益計算書」等）を作成することです。したがって、勘定科目はこれに合わせて設定するのが賢明です。

「収支内訳書」に記載の勘定科目に従って、必要経費を一覧にまとめたものが「一般的な必要経費の一覧表」です。（図46）

一覧表の勘定科目の右に記載の番号・記号は「収支内訳書」または「損益計算書」の番号・記号です。収支内訳書には5つ、損益計算書には7つ、必要な勘定科目を追加できるよう空欄が用意されています。勘定科目の横に番号記号がないものは、一般的に使用される勘定科目を追記していますので参考にしてください。

■図 46

一般的な必要経費の一覧表

	勘定科目（収支内訳書）		損益計算書	内　容
売上原価	仕入高	5〜9	②〜⑥	販売を目的とする商品の購入にかかった費用
	材料費			製品の製造に必要な素材や部品などの費用
その他の経費	給料賃金	11	⑳	従業員に対する給与・賞与・退職金など
	外注工賃	12	㉑	外部に業務を委託した対価として支払う報酬
	減価償却費	13	⑱	高額な資産を耐用年数に合わせて費用化する科目
	貸倒金	14	㉔	売掛金や未収入金など回収できなくなった損失
	地代家賃	15	㉓	店舗や事務所などの地代や家賃など
	利子割引料	16	㉒	借入金の利息や手形の割引料
	租税公課	イ	⑧	消費税、事業税、自動車税、印紙税などの税金
	荷造運賃	ロ	⑨	商品や製品の発送のための包装材料費や運賃
	水道光熱費	ハ	⑩	水道料、電気代、ガス代、灯油などの購入費
	旅費交通費	ニ	⑪	移動や出張にかかる交通費や宿泊代など
	通信費	ホ	⑫	電話やインターネット、切手代など通信手段の費用
	広告宣伝費	ヘ	⑬	商品やサービスを不特定多数の方に宣伝する費用
	接待交際費	ト	⑭	取引先などをもてなす費用や贈り物をする費用
	損害保険料	チ	⑮	火災や損害賠償など業務上のリスクに備える保険料
	修繕費	リ	⑯	店舗、自動車、機械、備品などの修理費用
	消耗品費	ヌ	⑰	事務用消耗品、工具や燃料などの作業用消耗品
	福利厚生費	ル	⑲	給料賃金以外に従業員のために支出する費用
	会議費			打ち合わせのための会場費、資料代、飲食代など
	教育研修費			業務に必要な知識や技術を習得するための費用
	新聞図書費			業務に必要な情報を得るための新聞や書籍など
	支払手数料			振込手数料や専門家に支払う報酬
	諸会費			業務に関連して加入する協会や団体の会費など
	雑費	レ	㉛	他の勘定科目に該当しない費用

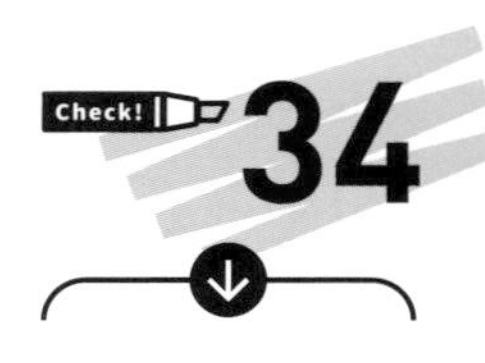

売上原価

商品の仕入れや製造に直接かかった費用を「売上原価」といいます。

ハンドメイド作家、菓子製造販売などの小売業や飲食業で使用する科目ですが、エステサロンで化粧品の販売も行うようなケースでは、販売用の化粧品については「売上原価」として計上します。

売上原価はその年に「売れた商品」の原価ですから、前年から繰り越した「期首在庫」に「今年仕入れた額」を合わせた金額から、「期末に残った在庫」を引くことで算出できます。

例えば、図47のような場合、売上原価は次のように計算します。

期首商品棚卸高20万円＋当期商品仕入高１００万円－期末商品棚卸高30万円
＝売上原価90万円

■図 47

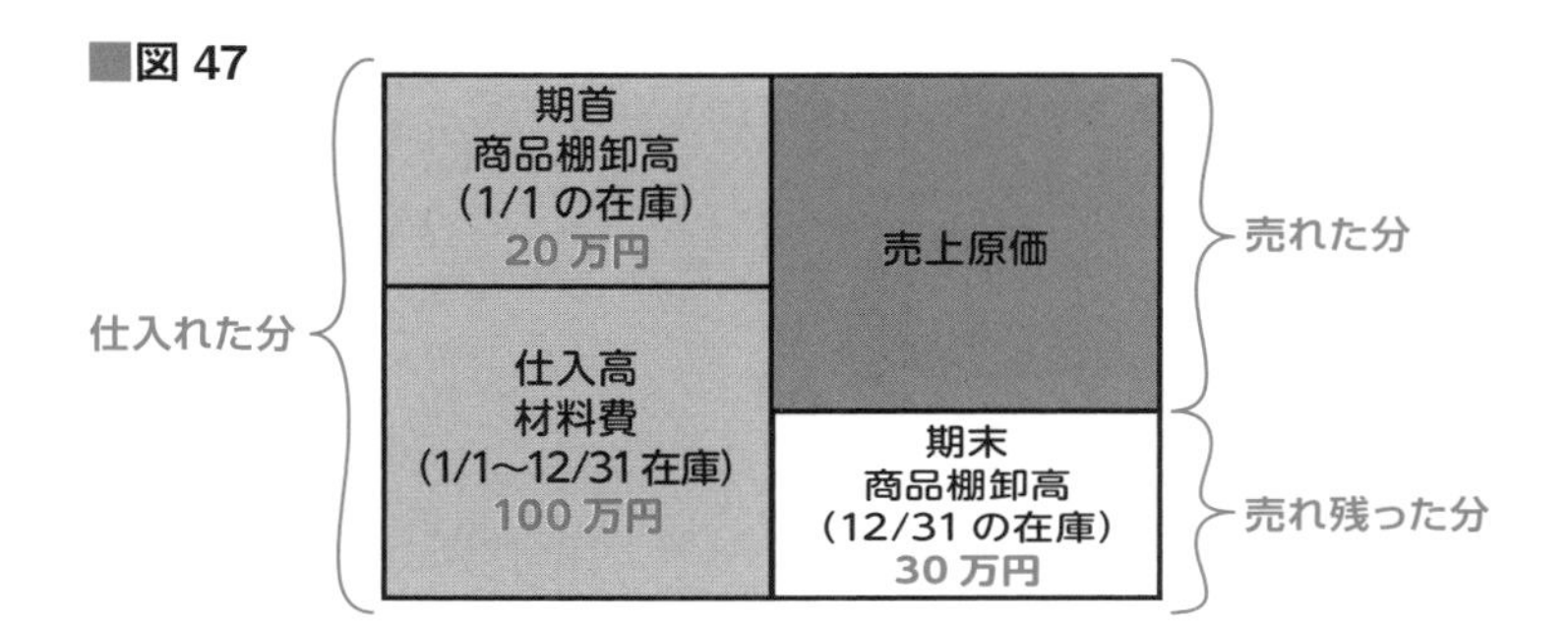

■図 48

棚卸表

実施日：　　年　　月　　日

NO	物品名	個数	単価	金額	備考
合　計					

このように売上原価は期末に棚卸しを実施した後に、算出することができます。期の途中は「仕入高」や「材料費」として買い入れる都度、帳簿に記録をしていきます。

「仕入高」には仕入に伴う引き取り運賃や購入手数料、関税などの付随費用も加算します。

棚卸しは図48のような棚卸表を作成すると良いでしょう。

給料賃金

パートやアルバイトを雇うなど、雇用契約に基づいて賃金を支払う場合は「給料賃金」として計上します。

雇用契約とは、使用者と労働者の関係で取り交わされる契約で、次のような特徴があります。

雇用契約の特徴

- ・作業時間を指定するなど時間的拘束がある
- ・報酬が時間単位として計算される
- ・雇い主の指揮監督のもとで業務を遂行する
- ・材料や用具等の供与を受けている

■図 49

	白色申告	青色申告
勘定科目	専従者控除	青色専従者給与
事前手続き	不要	青色事業専従者給与に関する届出書
上限額	配偶者：上限８６万円 配偶者以外：一人あたり上限５０万円	労務の対価として適正な額として届け出た額（上限なし）

【専従者とは】

専従者となるためには次の要件を満たす必要があります。

- **生計を一にする配偶者またはその他の親族であること**
- **その年の 12 月 31 日現在で 15 歳以上であること**
- **その年を通じて６か月を超える期間（※）、事業に専ら従事していること**

（※）従事可能期間が１年に満たない場合は２分の１を超える期間

給料賃金を支払った場合は、個人事業主であっても源泉徴収や年末調整を行う義務が発生します。

なお、家族に払った給与は「給料賃金」として計上することはできませんが、白色申告の場合は「専従者控除」として、青色申告の場合は「青色専従者給与」として、収入から差し引くことができます。（図49）

Check! 36

外注工賃

業務を外部に委託したり、修理や加工などを外注したり、「業務委託契約」や「請負契約」に基づいて報酬を支払う場合は「外注工賃」として計上します。

例えば、次のような費用が「外注工賃」にあたります。

- ・販売するセミナー動画の編集をお願いした編集作業料
- ・講師を依頼してセミナーを主催し支払った講師料
- ・執筆した原稿の校正を依頼した校正作業料
- ・顧客管理など事務作業を外注した事務作業料

作業時間や作業の方法などは受注者の自由裁量に任せて、発注者は業務の成果に対して報酬を支払います。

ただし、外部に業務を委託する場合でも次のような場合は「外注工賃」としないのが一般的です。

①税理士、公認会計士、弁護士など専門性の高い士業に対して支払う報酬は「支払手数料」とします。

②ホームページの制作を外注した場合や、販促用のグッズを外注により作成した場合など、宣伝や販売促進の目的の費用については「広告宣伝費」とします。

なお、給与を支払っていない（従業員を雇用していない）個人事業主の場合は、「外注工賃」や「支払手数料」にあたる「報酬」について源泉徴収する必要はありません。

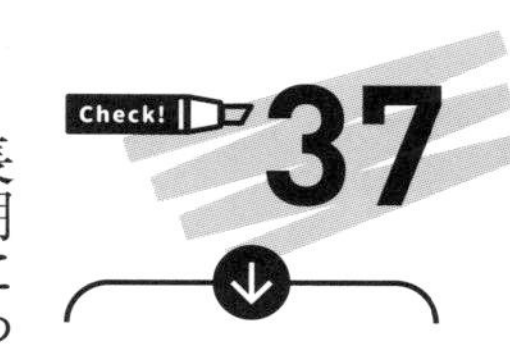

減価償却費

長期にわたり使用する高額な資産は、使用期間で按分(あんぶん)して経費計上するという会計上のルールを「減価償却」といいます。

①減価償却すべき資産

減価償却する資産は、取得価額が10万円以上、使用期間が1年以上で、時間の経過とともに価値が減っていく資産です。具体例をあげて説明していきます。

【減価償却資産に該当する】

a　事業用普通車　３００万円
b　一眼レフカメラ　50万円
c　ノートパソコン　24万円

【減価償却資産に該当しない】

d　タブレット端末　　8万円→消耗品費

［理由］10万円未満なので、減価償却をする必要がありません

e　イベントの装飾品　　15万円→消耗品費

［理由］使用期間が1年未満なので、減価償却する必要がありません

f　資格取得講座　　25万円→教育研修費

［理由］資産ではないため、減価償却の対象になりません

【青色申告者の少額減価償却資産の特例】

青色申告者は、取得価額が30万円未満の減価償却資産であれば、全額を経費として計上することができます。（年間合計300万円まで）

したがって、cのノートパソコン24万円については、青色申告であれば取得した年に「消耗品費」として全額を計上することも可能です。

②減価償却費の計算方法

減価償却の計算方法には「定額法」と「定率法」がありますが、原則は「定額法」です。「定率法」を選択するには事前の届出が必要です。

定額法による減価償却費の計算は、取得した価格を耐用年数で割って1年あたりの金額を求めます。耐用年数とは「使用できる年数」のことですが、実際の使用年数とは異なります。

パソコンは4年、カメラは5年など減価償却資産の種類や用途などによって定められていて、国税庁のサイトで確認することができます。

例えば、50万円のカメラを1月に購入した場合、毎年10万円を減価償却費として計上していきます。（図50）

帳簿には1年分をまとめて12月31日付で計上して構いません。

購入時期が年の途中、例えば、４月に取得した場合の減価償却費は図51のようになります。

■図 50

50 万円のカメラを１月に購入した場合

$$\text{取得価額50万円} \div \text{耐用年数5年} \times \frac{\text{使用月数12か月}}{\text{12か月}} = \text{減価償却費10万円}$$

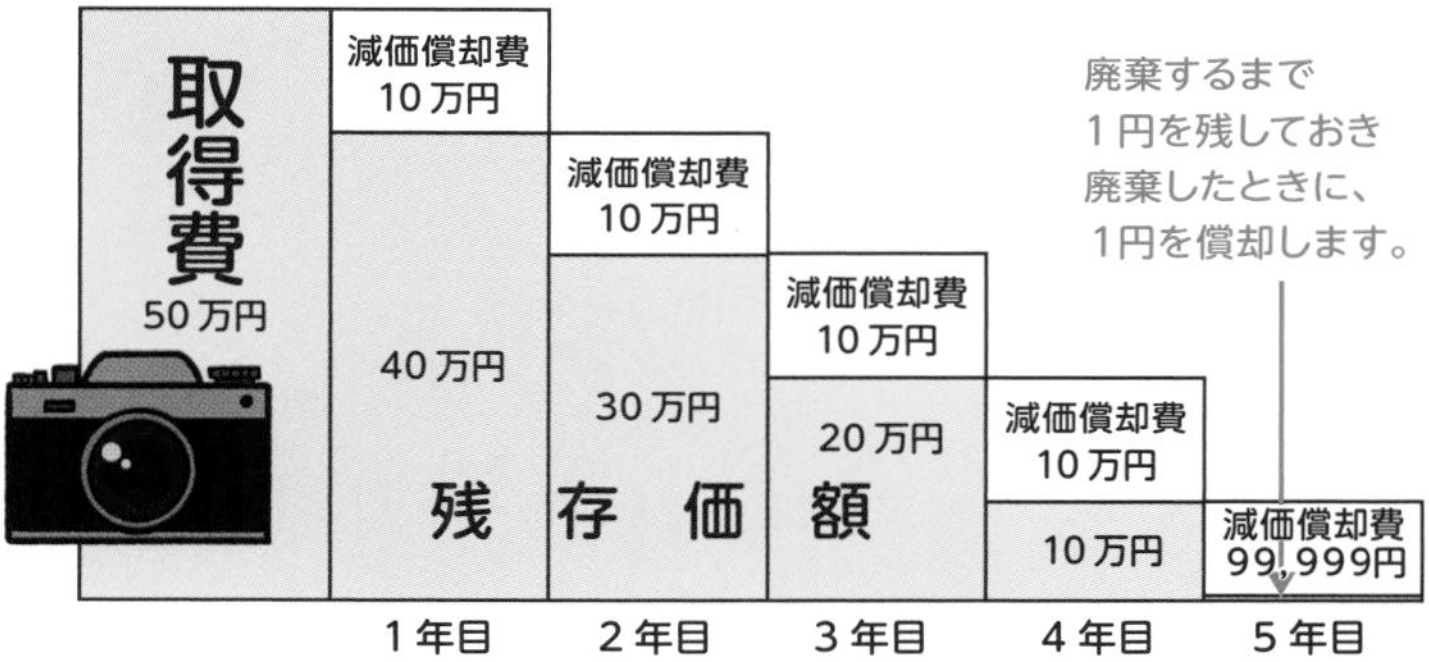

■図 51

50 万円のカメラを４月に購入した場合の減価償却費

1 年目	75,000 円の減価償却費（50 万円÷ 5 年× 9 月 /12 月）
2 年目～ 5 年目	100,000 円
6 年目	24,999 円

地代家賃

店舗、事務所、工場、倉庫などの敷地の地代や家賃、月極駐車場の駐車場代は「地代家賃」として計上します。

自宅の一室で作業をしたり、自宅でサロンを開いたり、自宅を事務所や店舗とする方も多いと思います。

・業務の遂行上必要であること

・プライベートと事業スペースを明確に区分できること

といった要件を満たせば、自宅の家賃等を事業割合に応じて必要経費にすることができます。事業割合は使用面積で按分して計算します。

例えば、自宅マンションの居住スペース80㎡のうち、16㎡を事業専用スペースとしている場合の事業割合は次のようになります。

16㎡ ÷ 80㎡ ＝ 20％

経費の計上方法は建物の所有状況で異なりますので賃貸と持家に分けて説明します。

①賃貸の場合

賃貸の場合は家賃（管理費込み）に事業割合を掛けた金額を「地代家賃」として経費に計上できます。

前述したマンションの家賃が15万円であれば、「地代家賃」は3万円です。

家賃15万円 × 事業割合20％ ＝ 地代家賃3万円

実際、家賃を支払っているのは本人ではなく、配偶者であっても構いません。また自宅の火災保険料も事業割合分を「損害保険料」として計上可能です。

②持家の場合

持家の場合は、建物の減価償却費に事業割合を掛けた金額を「減価償却費」として経費に計上できます。

例えば、マンションの購入代金のうち、

・建物部分が２８２０万円（耐用年数47年）

・事業割合が20％

である場合、減価償却費は次のように計算します。

建物の減価償却費：２８２０万円 ÷ 47年 × 12月／12月 ＝ 60万円
減価償却費の事業按分：60万円 × 20％ ＝ 12万円

このケースでは12万円／年を減価償却費として計上できます。

なお、耐用年数については、構造や用途に応じて定められています。（図52）

耐用年数を超えている建物については、減価償却費を計上することはできません。

また、住宅ローンを返済していれば、その年に支払った金利部分も事業割合に応じ

■図 52

構造	用途	耐用年数
木造・合成樹脂造のもの	店舗用・住宅用	22年
木骨モルタル造りのもの	店舗用・住宅用	20年
鉄骨鉄筋コンクリート造・ 鉄筋コンクリート造のもの	住宅用	47年

出典：国税庁「主な減価償却費の耐用年数表」

■図 53

勘定科目	賃貸	持家
地代家賃	家賃、管理費、共益費	
減価償却費		建物の減価償却費
利子割引料		住宅ローンの利息
損害保険料	火災保険料	火災保険料
租税公課		固定資産税

て必要経費とすることができます。また固定費資産税や火災保険料も同じく事業割合に応じて経費計上が可能です。

この場合、建物やローンの債務者、保険の契約者の名義が配偶者であっても経費として計上することができます。

ただし、住宅ローン控除を受けている場合は、注意が必要です。

住宅ローン控除はマイホームとして使用する自宅に対する控除ですから、住宅ローン控除の控除額を事業割合に応じて減額する必要があります。自宅を事務所や店舗とする場合の必要経費についてまとめると図53のようになります。

Check! 39

水道光熱費

事務所や店舗で使用する水道料、電気代、ガス代や灯油の購入費用などは「水道光熱費」として計上します。

自宅で仕事をする場合、業務の遂行上必要であるものについては自宅の水道光熱費も事業割合に応じて、必要経費にすることができます。

自宅で事務作業を行う場合、照明、パソコン、エアコンなど電気機器を使用すると思います。

例えば、電気代については、照明器具が1日16時間点灯していて、土日を除いて毎日4時間は自宅で仕事をしている、という場合、事業割合は約18％と考えられます。

4時間／16時間 × 5日／7日 ≒ 18％

このようにそれぞれ使用状況に応じた事業割合を考慮して計上しましょう。

Check! 40

通信費・荷造運賃

通信費

電話代やインターネットの利用料、切手代、郵送料、宅配料などの通信手段に関する費用は「通信費」として計上します。

通信費も事業用とプライベートが混在しやすい科目です。

1台のスマホを事業用にもプライベート用にも使用している方も多いと思います。自宅で仕事をしている場合、Wi-Fiやプロバイダーの利用料など、使用状況に応じて事業割合をお考えください。

オンライン会議システムやメルマガ配信スタンドなど、仕事用のみに利用しているものは全額経費として計上して構いません。

なお、商品の仕入れや販売、製造に必要な材料の調達に際して支払う送料は「通信費」にはあたりません。それは「荷造運賃」になります。

荷造運賃

商品などの発送のための包装材料費や運賃は「荷造運賃」として計上します。

包装材料費の一例

・段ボール箱
・緩衝材
・ガムテープ、ひも

運賃の一例

・宅配便
・船便
・レターパック

旅費交通費

交通費や宿泊代などは「旅費交通費」として計上します。公共交通機関の交通費については、乗車区間と金額が分かれば領収書がなくても構いません。

ただし、消費税の課税事業者として原則課税で消費税の申告を行う場合は、3万円以上の交通費は適格請求書を受領する必要があります。

自家用車は経費にできる?

自家用車を事業に使用している場合は、利用頻度や走行距離などを考慮し、事業割合に応じて自動車関連費用を経費にすることができます。(図54)
なお、自家用車の名義が家族名義であっても問題ありません。夫名義の車を妻が事業に使用する場合、夫名義の保険料や自動車税も同じく事業割合に応じて計上するこ

■図 54

<table>
<tr><th colspan="2">自動車関連費用</th><th>勘定科目</th><th>計上方法</th></tr>
<tr><td colspan="2">車両の取得費</td><td>減価償却費</td><td rowspan="11">事業按分</td></tr>
<tr><td colspan="2">ローンの利息</td><td>利子割引料</td></tr>
<tr><td colspan="2">自動車税</td><td>租税公課</td></tr>
<tr><td rowspan="5">車検代</td><td>印紙</td><td>租税公課</td></tr>
<tr><td>重量税</td><td>租税公課</td></tr>
<tr><td>点検・整備費</td><td>支払手数料</td></tr>
<tr><td>修理費</td><td>修繕費</td></tr>
<tr><td colspan="2">自動車保険の保険料</td><td>損害保険料</td></tr>
<tr><td colspan="2">ガソリン代</td><td>旅費交通費</td></tr>
<tr><td rowspan="2">駐車場</td><td>月極駐車場代</td><td>地代家賃</td></tr>
<tr><td>時間貸駐車料</td><td>旅費交通費</td><td rowspan="2">領収書通り</td></tr>
<tr><td colspan="2">高速料金</td><td>旅費交通費</td></tr>
</table>

とが可能です。

また、既に所有していた車を事業に使用する場合は、耐用年数の残存期間分の減価償却費を経費として計上できます。

例えば、3年前に300万円で取得した普通自動車を事業に3割程度使用するという場合は、1年あたりの減価償却費は次のように計算できます。(定額法)

> 取得価額300万円 ÷ 耐用年数6年
> × 事業割合30% = 減価償却費15万円

耐用年数の残存期間が3年ありますので3年にわたり15万円を減価償却費として計上できます。

接待交際費・会議費・諸会費

接待交際費

得意先や仕入先など事業に関係がある人に対する接待や贈答などの費用を「接待交際費」といいます。例えば、次のような費用が接待交際費になります。

- **取引先の担当者との食事会**
- **取引先に贈るお中元・お歳暮**
- **異業種交流会の参加費**
- **取引先企業訪問の手土産**

支出が接待交際費にあたるかの判断のポイントは事業上の必要性があるかどうかです。帳簿をつける時には、摘要欄に会社名や氏名など相手先を記して事業との関連が分かるようにしておきましょう。

会議費

会議や打ち合わせのために必要な費用を「会議費」といい、会場費や資料代、飲食費などが含まれます。カフェやレストランで打ち合わせする場合のお茶代やランチ代も会議費になります。

会食について、会議費とするか接待交際費とするか迷ったときは、「件名がつくか」と考えてみてください。その会食が「○○の件で打ち合わせ」であれば「会議費」、そうではない仕事上の付き合いの場合は「接待交際費」と判断してはいかがでしょうか。個人事業主の場合は、会議費も接待交際費も金額の制限なく経費にすることができます。会議費も「誰と」一緒だったのか、事業との関連が説明できるように、打ち合わせ相手の名前を摘要欄に明記しておきましょう。

諸会費

所属する協会や商工会議所などの仕事に関係する団体に支払う年会費や入会費などを「諸会費」といいます。なお、交流会などの会費は「諸会費」ではなく「接待交際費」として計上します。

教育研修費・新聞図書費 消耗品費・雑費

教育研修費

仕事に必要なスキルや知識を習得するための費用を「教育研修費」といい、次のような費用が対象になります。

・セミナー、研修、講習会の参加費
・テキストなどの教材費
・オンラインサロンの参加費

教育研修の費用は、現在の業務に必要な学びの他、既存のサービスに付加価値をつけるため、新たなサービスを作り出すためなど、業務に必要な学びに限られます。

「まさか好きで学んでいることが必要経費にできるとは思わなかった」とか「教育研修費は従業員を教育するための費用だと思っていた」という方もいますが、事業主本人のスキルアップの費用も「教育研修費」にあたります。

新聞図書費

仕事に必要な学びや情報収集のために購入した書籍や新聞などの経費を「新聞図書費」といい、次のような費用が対象になります。

・新聞や業界紙の購読料
・書籍、雑誌の購入費用
・電子書籍
・メールマガジン
・官報、資料統計の購入費用

原則として事業に関係がある書籍等が対象になります。例えば、スタイリストとして仕事をする方がファッション雑誌を購入すれば経費に該当しますが、カウンセラーの方がファッション雑誌を購入しても通常は、経費とは認められない可能性が高いです。ちなみに、確定申告に必要な知識を得るために購入した税金関係の書籍や雑誌などは業務内容に関わらず、事業に関連すると考えられますので、「新聞図書費」とすることができます。

消耗品費

文房具、ガソリンなど使用することでなくなる（消耗する）物品の購入費は「消耗品費」です。使用期間が1年未満または取得価額が10万円未満の什器備品の購入費も「消耗品費」として計上します。使用期間が1年以上で10万円以上のものは「備品」として減価償却資産になります。

消耗品の一例

・コピー用紙　1万円
・椅子　3万円

備品の一例

・パソコン　30万円
・椅子　12万円

なお、「備品」は資産の科目ですので、青色申告の複式簿記で記帳する場合は、一旦「資産」として計上した上で「減価償却費」として経費に計上していきます。「減価償却費」の詳細については136頁をご覧ください。

雑費

他のどの科目にも該当しない費用や、一時的に発生した少額の費用でわざわざ勘定科目を設ける必要がないような費用は「雑費」として経費に計上します。例えば、一時的なレンタル料、引っ越し費用、クリーニング代、ごみ処理費用などです。

「収支内訳書」または「損益計算書」に記載できる勘定科目には限りがありますので、少額な費用で記載しきれない科目については「雑費」として差し支えありません。

雑費であっても摘要欄に何のための支出か事業との関連性が分かるように記載しておきましょう。

開業費

開業までにかかった費用も必要経費になります。ただし、開業前の費用については開業後に少しずつ経費にしていきます。

経費計上の方法には、60か月に分割して計上する「均等償却」と好きな年に好きな額を計上できる「任意償却」があります。一般的には「任意償却」で計上します。

「開業費」になる費用は、開業準備に要した費用で「ホームページの制作費」「印鑑や名刺の作成費用」「開業日までの家賃」などが対象になります。

なお、次の費用は開業費の対象になりません。

・後で返還される敷金 ➡ 差入保証金（資産）として計上します
・10万円以上の資産 ➡ 減価償却資産として減価償却を行います
・商品の仕入代金 ➡ 仕入として計上します

■図 55

開業費一覧　記載例

日付	摘要	金額
1/10	ホームページ制作打合せ交通費（○駅～○駅）	800円
1/10	打合せ喫茶代 / ○○カフェ	1,200円
2/15	サロンの壁紙リフォーム / ○○工務店	88,000円
3/1	施術用ベッド / ホームセンター○○	66,000円
3/2	サロン用テーブル、机 / ホームセンター○○	33,000円
3/4	サロン装飾用消耗品 / ホームセンター○○	31,000円
3/25	ホームページ制作料 / ○○デザインオフィス	280,000円
合計金額		500,000円

青色申告者で複式簿記による記帳を行う場合は「開業費」として資産計上しますが、白色申告等の「簡易帳簿」で記帳する場合は、図55のように開業費を別にまとめておき、領収書も保存しておきましょう。本書付録のエクセル帳簿にも「開業費」の入力シートを用意しています。

黒字になった年に開業費の合計額を限度に「開業費償却」という科目で経費に計上することができます。この時、白色申告の方は「収支内訳書」の2枚目、青色申告の方は「青色申告決算書」の3枚目の「◎本年中の特殊事項」の欄に開業費の総額を記載しておきましょう。

第6章

所得税のしくみと確定申告

個人事業にまつわる税金

個人事業にまつわる税金は次の４つです。

種類	対象	課税方式
所得税	個人の1年間の所得（もうけ）に対して課される国税	申告課税
住民税	個人の1年間の所得（もうけ）に対して課される地方税	賦課課税
事業税	一定の業種の事業を営む個人に課される地方税	賦課課税
消費税	商品やサービスの販売等の取引に課される国税と地方税	申告課税

①所得税と住民税

所得税と住民税は会社員や年金受給者も、一定の所得があれば課される税金です。年末調整で所得税の計算が終了する会社員と異なり、個人事業主は自分で所得税を計算し申告します。これを確定申告と言います。確定申告をすると、その情報をもとにお住まいの自治体で住民税が計算され、６月に通知書が送られてきます。（図56）

■図 56

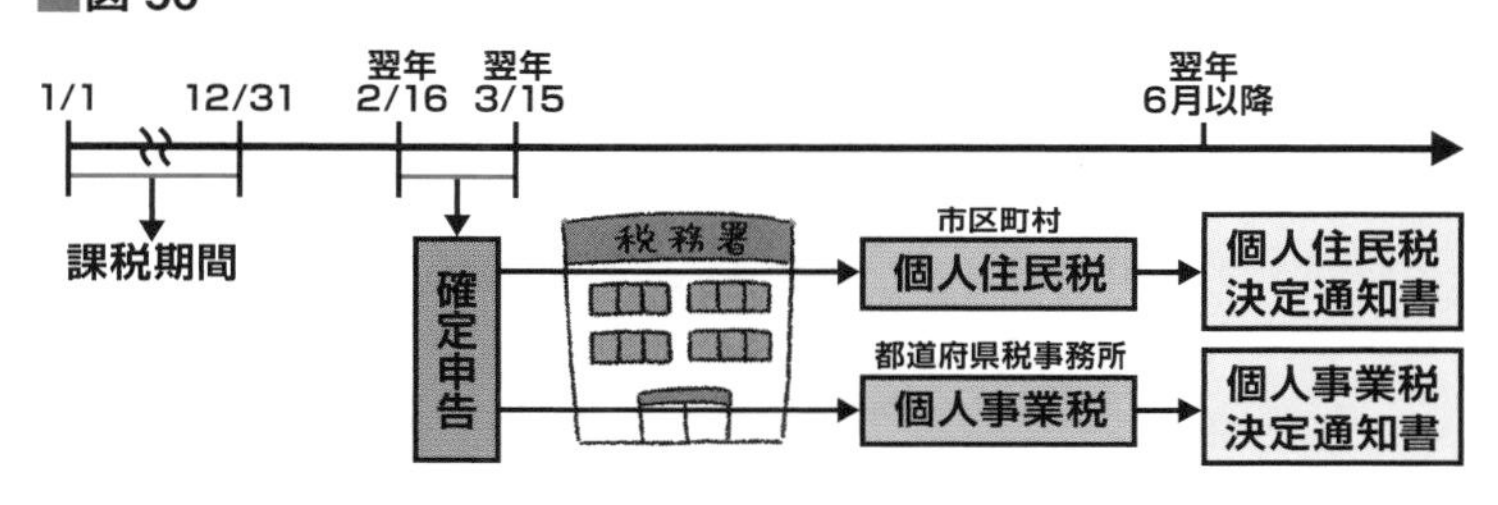

②事業税

個人事業税は一定の業種に課される地方税ですが、所得（売上－必要経費）が290万円を超えるまでは課税されません。また、所得が290万円を超えても申告の必要はありません。住民税と同じように所得税の申告内容をもとに計算され、納税の必要があれば通知書が送られてきます。

③消費税

消費税は、課税対象の商品やサービスを販売する事業者が申告と納税の義務を負います。しかし、基準期間（2年前の課税期間）の課税売上高が1000万円以下等の事業者は「免税事業者」として、消費税の申告と納税が免除されています。

ただし、2023年10月にインボイス制度が導入されたことにより、インボイス発行事業者に登録をした場合は、免税事業者であっても消費税の申告と納税が必要になります。

所得税のしくみと計算

所得税は個人の1年間（1月1日～12月31日）の所得（もうけ）に対して課される税金で、図57のような流れで計算します。

まず、「①収入」から「②必要経費」を引いて「③所得（もうけ）」を算出します。次に、個人の担税力を考慮する「④所得控除」を引いて「⑤課税所得」を算出します。

そして、「⑤課税所得」に応じた税率を掛けて「⑥所得税」を計算します。

さらに、住宅ローン控除などの「⑦税額控除」があれば引いて「⑧基準所得税額」とします。また、２０３７年12月31日までは「⑧基準所得税額」の２・１％を「⑨復興特別所得税」として加算したものが「⑩納税額」となります。

「②必要経費」については収入の種類に応じて計算方法が異なります。事業収入の

■図 57

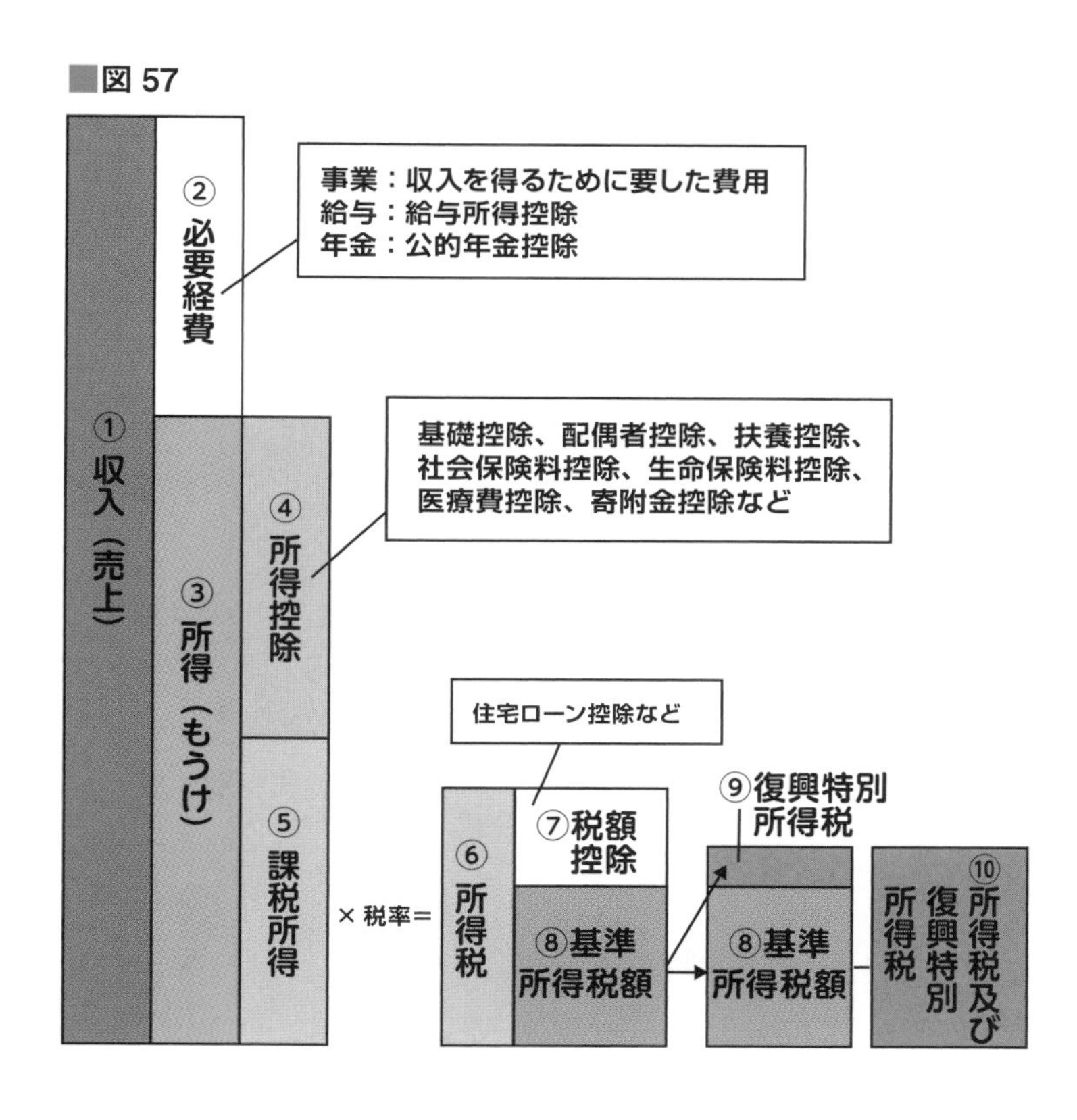

場合は「収入を得るために要した費用」について帳簿をつけ自ら申告します。

■図 58

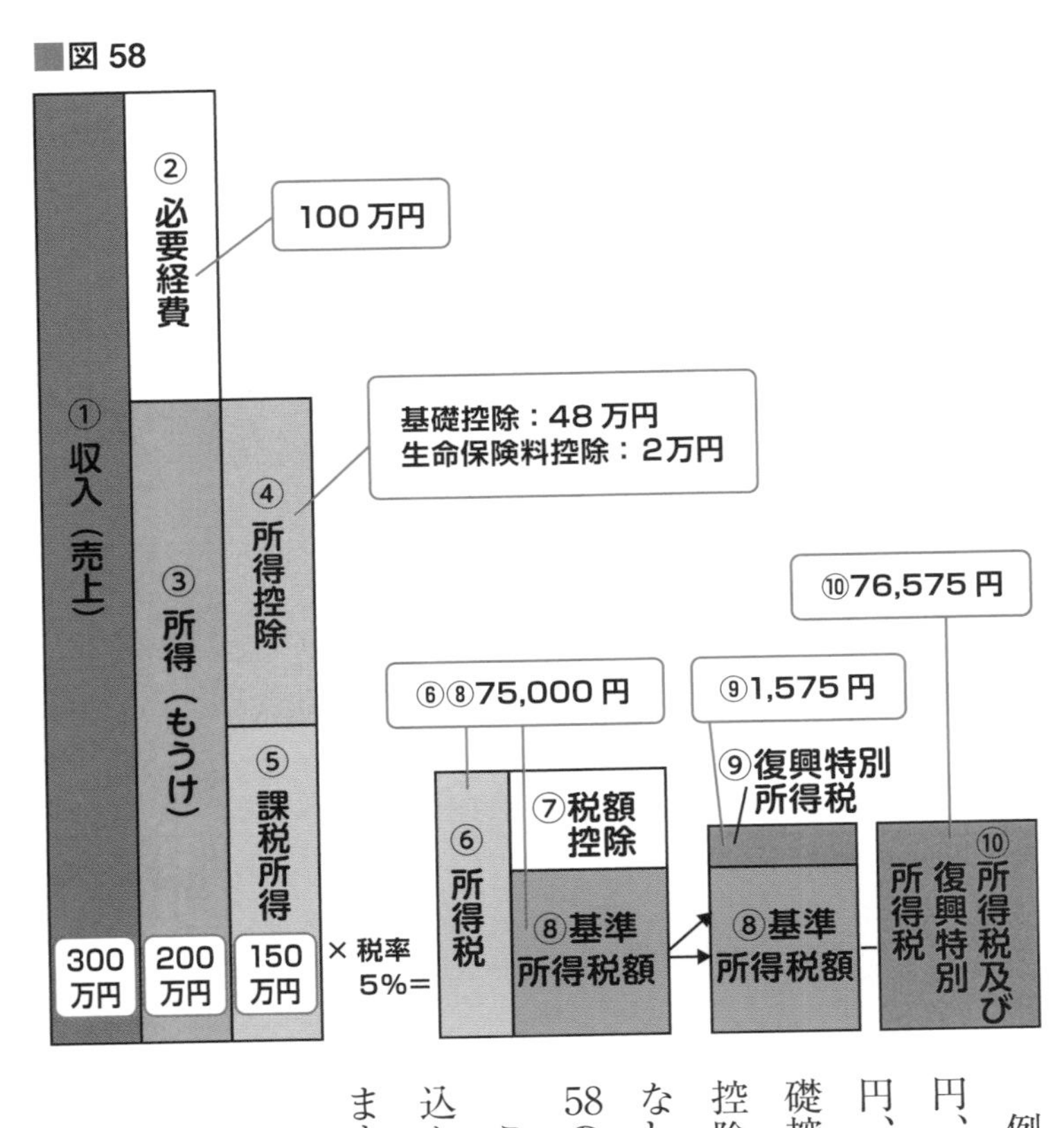

例えば、①売上300万円、②必要経費が100万円、④所得控除50万円（基礎控除48万円、生命保険料控除2万円）、⑦税額控除なし、とすると所得税は図58のように計算されます。

これを確定申告書に書き込んだ記入例が図59になります。

■図 59

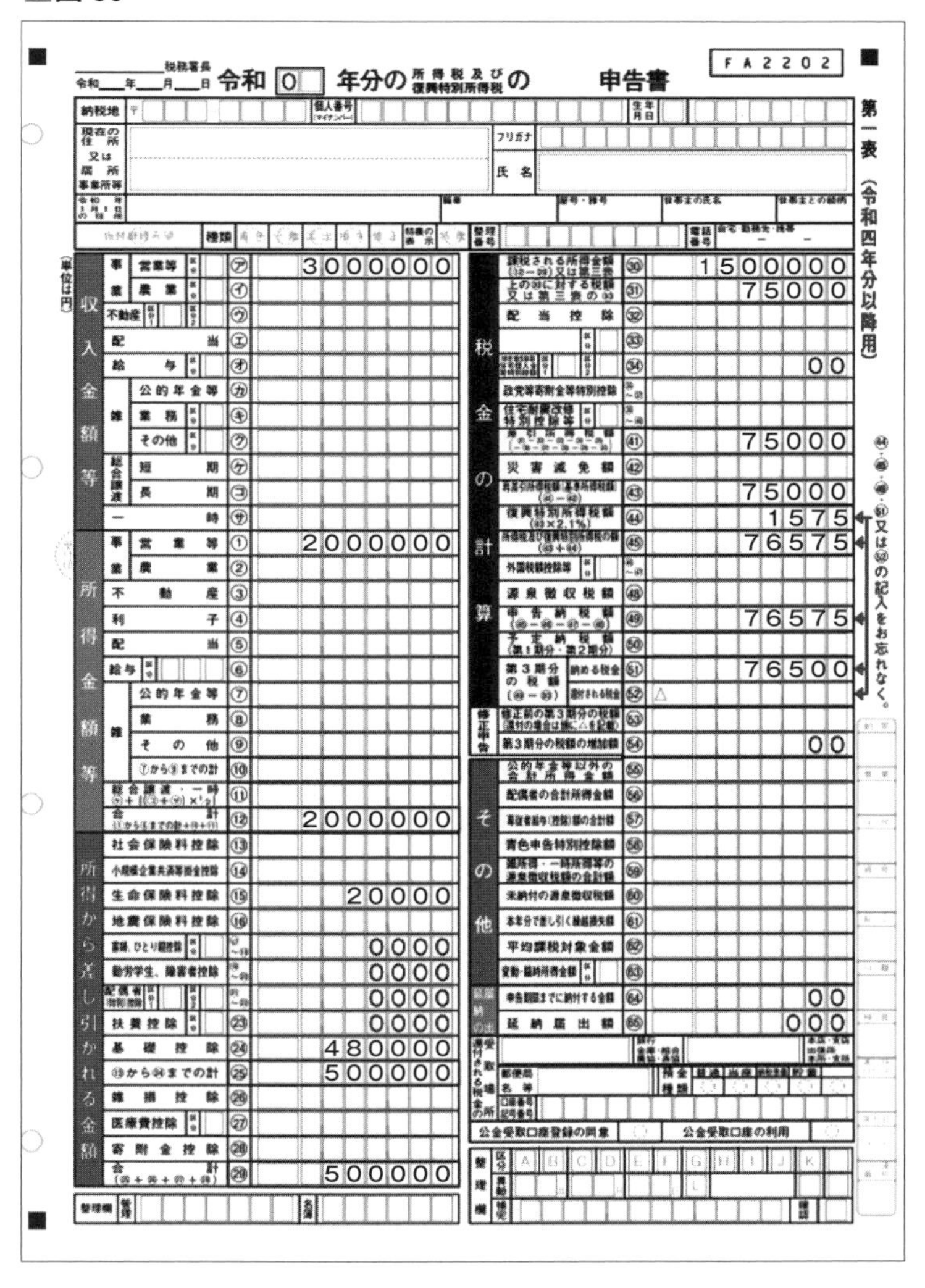

FA2202

＿＿税務署長
令和＿年＿月＿日

令和 0 年分の 所得税及び復興特別所得税の 申告書

第一表（令和四年分以降用）

納税地 〒 ／ 個人番号 ／ 生年月日
現在の住所 又は 居所 事業所等 ／ フリガナ ／ 氏名
令和 年1月1日の住所 ／ 職業 ／ 屋号・雅号 ／ 世帯主の氏名 ／ 世帯主との続柄
種類 ／ 整理番号 ／ 電話番号 自宅・勤務先・携帯

（単位は円）

収入金額等	事業 営業等	㋐	3000000
	事業 農業	㋑	
	不動産	㋒	
	配当	㋓	
	給与	㋔	
	雑 公的年金等	㋕	
	雑 業務	㋖	
	雑 その他	㋗	
	総合譲渡 短期	㋘	
	総合譲渡 長期	㋙	
	一時	㋚	
所得金額等	事業 営業等	①	2000000
	事業 農業	②	
	不動産	③	
	利子	④	
	配当	⑤	
	給与	⑥	
	雑 公的年金等	⑦	
	雑 業務	⑧	
	雑 その他	⑨	
	⑦から⑨までの計	⑩	
	総合譲渡・一時	⑪	
	合計	⑫	2000000
所得から差し引かれる金額	社会保険料控除	⑬	
	小規模企業共済等掛金控除	⑭	
	生命保険料控除	⑮	20000
	地震保険料控除	⑯	
	寡婦、ひとり親控除	⑰〜⑱	0000
	勤労学生、障害者控除	⑲〜⑳	0000
	配偶者（特別）控除	㉑〜㉒	0000
	扶養控除	㉓	0000
	基礎控除	㉔	480000
	⑬から㉔までの計	㉕	500000
	雑損控除	㉖	
	医療費控除	㉗	
	寄附金控除	㉘	
	合計（㉕＋㉖＋㉗＋㉘）	㉙	500000

税金の計算	課税される所得金額（⑫－㉙）又は第三表	㉚	1500000
	上の㉚に対する税額 又は第三表の㊽	㉛	75000
	配当控除	㉜	
		㉝	
	住宅借入金等特別控除	㉞	00
	政党等寄附金等特別控除	㉟〜㊲	
	住宅耐震改修特別控除等	㊳〜㊵	
	差引所得税額	㊶	75000
	災害減免額	㊷	
	再差引所得税額（基準所得税額）（㊶－㊷）	㊸	75000
	復興特別所得税額（㊸×2.1%）	㊹	1575
	所得税及び復興特別所得税の額（㊸＋㊹）	㊺	76575
	外国税額控除等	㊻〜㊼	
	源泉徴収税額	㊽	
	申告納税額（㊺－㊻－㊼－㊽）	㊾	76575
	予定納税額（第1期分・第2期分）	㊿	
	第3期分の税額（㊾－㊿） 納める税金	51	76500
	第3期分の税額（㊾－㊿） 還付される税金	52	△
修正申告	修正前の第3期分の税額	53	
	第3期分の税額の増加額	54	00
その他	公的年金等以外の合計所得金額	55	
	配偶者の合計所得金額	56	
	専従者給与（控除）額の合計額	57	
	青色申告特別控除額	58	
	雑所得・一時所得等の源泉徴収税額の合計額	59	
	未納付の源泉徴収税額	60	
	本年分で差し引く繰越損失額	61	
	平均課税対象金額	62	
	変動・臨時所得金額	63	
延納の届出	申告期限までに納付する金額	64	00
	延納届出額	65	000

㊹・㊺・㊾・51又は52の記入をお忘れなく。

還付される税金の受取場所 ／ 銀行 金庫・組合 農協・漁協 ／ 本店・支店 出張所 本所・支所 ／ 郵便局名等 ／ 預金種類 普通 当座 納税準備 貯蓄 ／ 口座番号 記号番号

公金受取口座登録の同意 ／ 公金受取口座の利用

整理欄 区分 A B C D E F G H I J K ／ 異動 ／ 管理 ／ 補完 ／ 確認

事業所得の確定申告の必要性

「いくら稼いだら確定申告をするのか」という疑問を持つ方も多いと思います。

事業所得のみの場合は、「⑤課税所得」があれば確定申告をする必要があります。「⑤課税所得」がゼロであれば確定申告の必要はありません。

したがって、売上から必要経費を引いた「所得」が48万円以下であれば、原則48万円の「基礎控除」があるため、確定申告の必要はありません。（図60）

ただし、所得税の申告の必要がなくても、住民税の申告が必要な場合があります。住民税の基礎控除は43万円と所得税より少なかったり、均等割りがあったり、所得税とは計算方法が異なるためです。

住民税の申告がないと国民健康保険料が正しく算出されなかったり、所得証明書や非課税証明書が発行されなかったり、不都合なこともあります。

■図 60

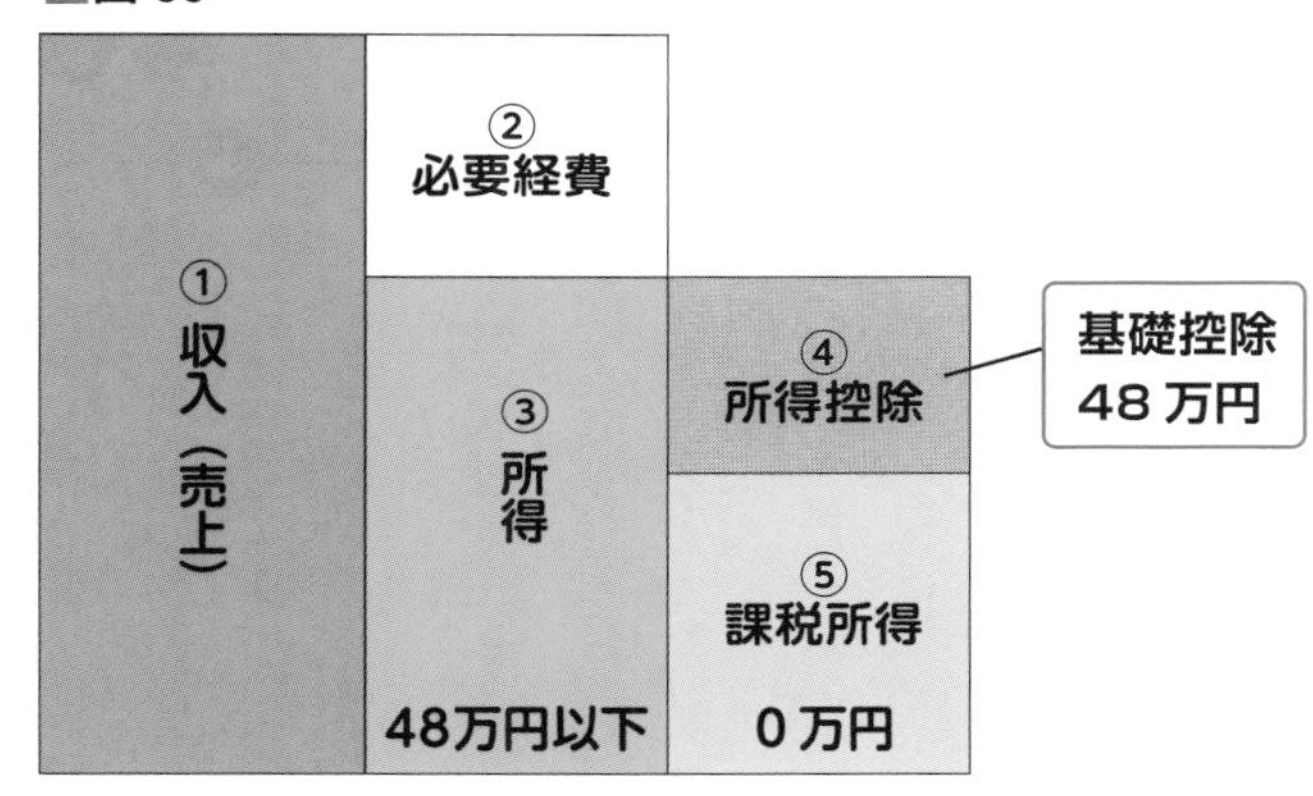

所得税の確定申告をすれば、住民税を申告する必要はありませんので、確定申告をしておきましょう。

また、2020年から2022年、新型コロナウィルス感染症の影響により売上が減少した事業主に対して、給付金や支援金が支給されました。給付金等の申請に際しては、前年または前々年の「売上」を証明する確定申告書の控えが必要でした。赤字であっても確定申告をしていた方は、給付金を受け取ることができましたが、確定申告をしていなかった方は給付金を申請することができませんでした。

確定申告の必要がなくても確定申告をしておかれることをお勧めします。

Check! 48

源泉徴収制度と確定申告

法人等が個人に報酬を支払う場合は、所得税を差し引いて支払い、引いた所得税を国に納めます。これを源泉徴収制度と言い、1回の支払額が100万円以下の場合、一律10・21％が源泉徴収税として引かれます。

「源泉徴収されているので確定申告はしなくていい」と思う方がいますが、それは間違いです。源泉徴収税は仮払いですから、所得税の計算を行い、精算する必要があります。

例えば、業務委託料10万円（消費税別）から10210円源泉徴収されている方が、1年間の所得（もうけ）を計算したところ課税所得がなかったという場合は、確定申告をすることで源泉徴収された10210円が全額還付されます。（図61）

源泉徴収税額については翌年1月頃に会社等から交付される「支払調書」で確認す

■図 61

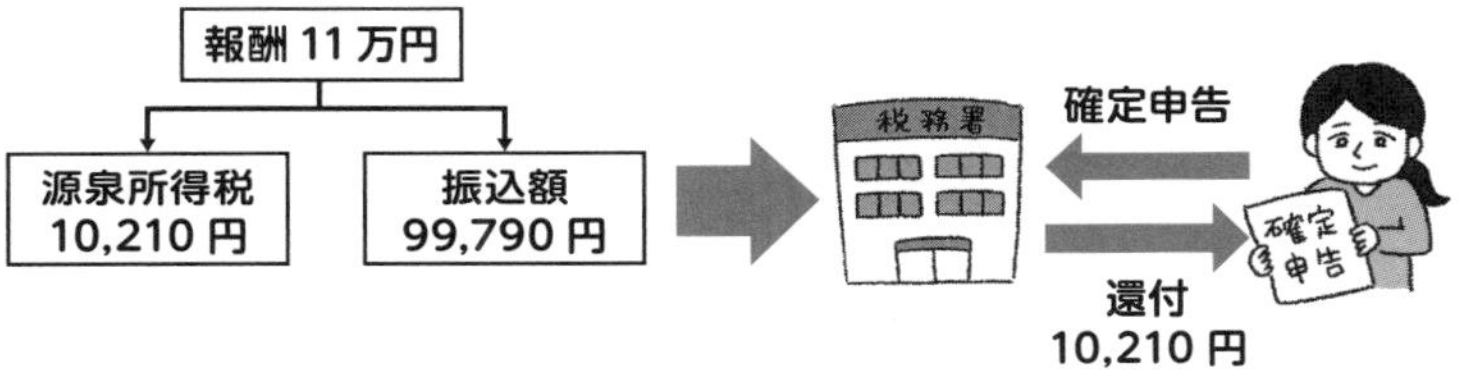

報酬 11 万円

源泉所得税 10,210 円

振込額 99,790 円

税務署

確定申告

還付 10,210 円

確定申告

■図 62

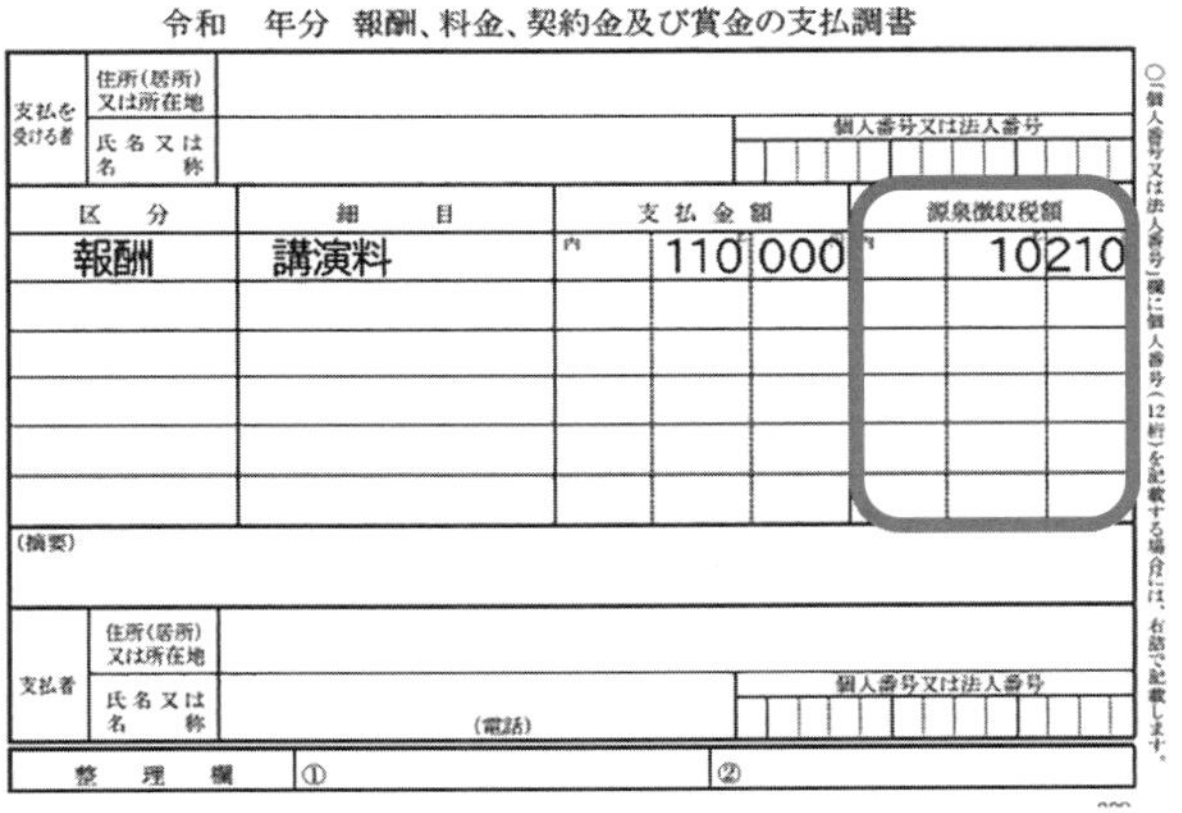

令和　年分 報酬、料金、契約金及び賞金の支払調書

支払を受ける者	住所(居所)又は所在地		
	氏名又は名称		個人番号又は法人番号
区分	細目	支払金額	源泉徴収税額
報酬	講演料	内 110 000	内 10210
(摘要)			
支払者	住所(居所)又は所在地		
	氏名又は名称	(電話)	個人番号又は法人番号
整理欄	①	②	

○「個人番号又は法人番号」欄に個人番号(12桁)を記載する場合には、右詰で記載します。

ることができます。（図62）

ただし「支払調書」の個人への交付義務はありませんので、送られてこない場合もあります。

源泉徴収されている報酬の一覧表を作成するなど、源泉徴収税額を把握できるようにしておきましょう。

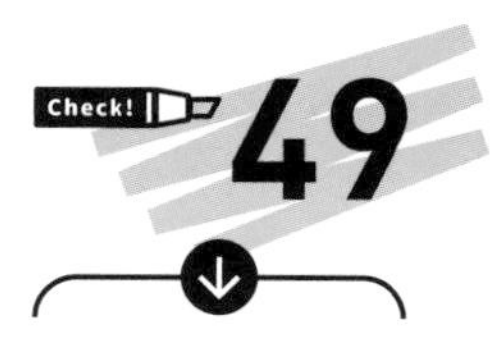

副業の確定申告の必要性

給与や年金収入がある方は、それ以外の所得（収入 − 必要経費）が20万円を超えると確定申告をする必要があります。

例えば、副業の売上が50万円あったとしても、必要経費として30万円を支出した場合、所得は20万円となり、確定申告を行う必要はありません。

ただし、医療費控除やふるさと納税など何らかの理由で確定申告を行う場合には、副業の所得が20万円以下であっても、申告する必要があります。

複数の所得を申告する場合、それぞれの所得金額を合算して「合計所得金額」を求めます。

例えば、パート収入１２０万円（給与所得65万円）に副業の事業所得が50万円ある場合、合計所得金額は１１５万円となり、確定申告書の所得金額の欄に図63のように記載します。

一方、副業の事業所得が10万円の赤字の場合は、合計所得金額は給与所得の65万円から10万円を引いて55万円となります。（図64）

合計所得が10万円減少したことで、所得税と住民税あわせて、約1万5千円が還付または減額されます。

■図63

所得金額等				
事業	営業等		①	500000
	農業		②	
不動産			③	
利子			④	
配当			⑤	
給与	区分		⑥	650000
雑	公的年金等		⑦	
	業務		⑧	
	その他		⑨	
	⑦から⑨までの計		⑩	
総合譲渡・一時 ㋚+{(㋛+㋜)×½}			⑪	
合計 (①から⑥までの計+⑩+⑪)			⑫	1150000

■図64

所得金額等				
事業	営業等		①	▲100000
	農業		②	
不動産			③	
利子			④	
配当			⑤	
給与	区分		⑥	650000
雑	公的年金等		⑦	
	業務		⑧	
	その他		⑨	
	⑦から⑨までの計		⑩	
総合譲渡・一時 ㋚+{(㋛+㋜)×½}			⑪	
合計 (①から⑥までの計+⑩+⑪)			⑫	550000

このように事業所得のマイナスを他の所得から引くことを「損益通算」といい、副業が赤字の場合、確定申告することにより、税金が還付または減額される可能性があります。

Check! 50

事業所得と雑所得の違い

副業も「事業所得」として申告することができますが、事業性が認められない場合は「雑所得」の「業務」として申告します。

「雑所得だと必要経費が引けない」と思っている方もいますが、それは間違いです。雑所得であっても事業と同様に売上から必要経費を引くことができます。

しかし、青色申告や損益通算（赤字を他の所得から引く）など事業所得には認められますが、雑所得には認められないことがあります。

	事業所得	雑所得
赤字の損益通算	○	×
青色申告特別控除	○	×
青色専従者給与	○	×
青色申告者の損失の繰り越し	○	×

■図 65

【参考】事業所得と業務に係る雑所得の区分（イメージ）

<table>
<tr><th>収入金額</th><th>記帳・帳簿書類の保存あり</th><th>記帳・帳簿書類の保存なし</th></tr>
<tr><td>300 万円超</td><td rowspan="2">概ね事業所得（注）</td><td>概ね業務に係る雑所得</td></tr>
<tr><td>300 万円以下</td><td>業務に係る雑所得
※資産の譲渡は譲渡所得・その他雑所得</td></tr>
</table>

（注）次のような場合には、事業と認められるかどうか個別に判断することになります。
①その所得の収入金額が僅少と認められる場合
②その所得を得る活動に営利性が認められない場合

出典：国税庁「『所得税基本通達の制定について』の一部改正について」（令和 4 年 10 月 7 日）

事業性の判断については図65のような国の考えが示されています。

売上規模に関わらず、「記帳・帳簿書類の保存」の義務を果たしていることが、事業所得とみなす要件と考えられます。

ただし、次の場合は事業所得と認められるか個別に判断されることになります。

①収入金額が僅少と認められる場合

収入金額が例年（3年程度）300万円以下で、主たる収入に対する割合が10%未満

②営利性が認められない場合

例年赤字で、かつ、赤字を解消するための取組（営業活動）を実施していない

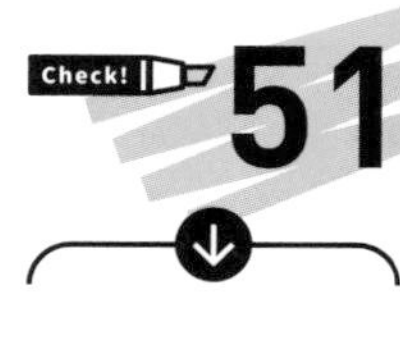

確定申告の方法と青色申告特別控除

確定申告の方法には持参、郵送、電子データ送信の3つの方法があります。（図66）

手書きの確定申告書や、国税庁のサイト「確定申告書等作成コーナー」で作成した確定申告書を印刷して所轄税務署に持参または郵送する場合は、申告書を2部作成提出し1部を控えとして税務署の受付印が押されたものを保管します。

しかし2025年（令和7年）1月から申告書の控えに受付印の押なつを行わないと国税庁から発表されましたので、e-Taxを利用した電子データ送信による申告をお勧めします。

e-Taxによる電子申告は、国税庁のサイトから確定申告書等のデータを送信する申告方法で、スマホでもできます。マイナンバーカード方式とID・パスワード方式がありますが、ID・パスワード方式は、事前に税務署に出向いてIDを取得する

■図 66

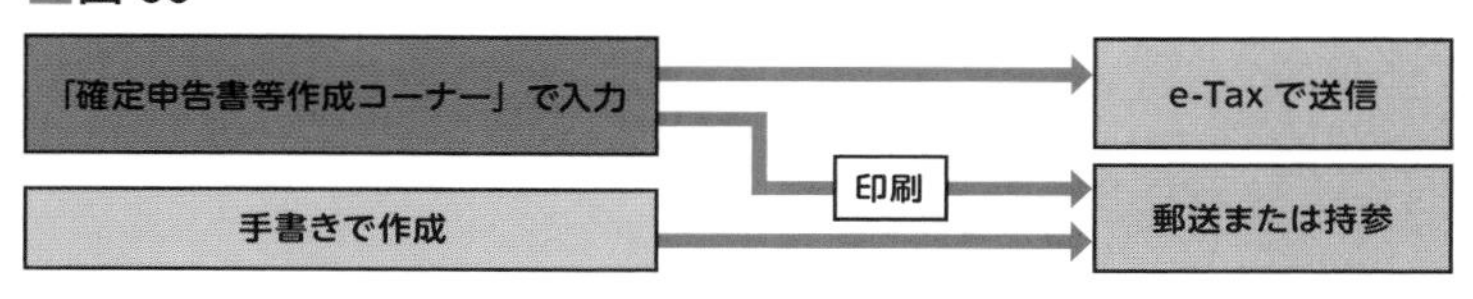

■図 67

摘 要 要 件	青色申告特別控除額		
	10万円	55万円	65万円
複式簿記による記帳	−	○	○
貸借対照表の添付	−	○	○
期限内に申告（翌年3月15日まで）	−	○	○
電子申告または優良な電子帳簿の保存	−	−	○

必要があります。

正規の簿記の原則に従って複式簿記による記帳を行い、「損益計算書」の他に「貸借対照表」を作成する場合は最高55万円または最高65万円の特別控除が受けられますが、最高65万円の控除を受けるには、さらに「e-Taxによる電子申告」または「優良な電子帳簿の保存」の要件を満たしている必要があります。（図67）

「優良な電子帳簿の保存」は訂正の履歴が残る、帳簿間で相互関連性がある、検索機能があるなどの要件を満たす必要があり、小規模な事業者が行うには現実的ではありません。

最高65万円の特別控除を受ける方はe-Taxによる電子申告にトライされてはいかがでしょうか。

第7章
消費税のしくみとインボイス制度

Check! 52

消費税の課税事業者とは？

①消費税が課される取引

消費税は商品やサービスの販売に対してかかる税金で、一部の非課税取引以外は消費税が課される「課税取引」になります。

消費税は2019年に10％に引き上げられましたが、食品など一部の取引については8％とする軽減税率制度が実施されています。（図68）

②消費税の申告が必要な事業者

課税取引である商品やサービスを販売する事業者が消費

■図 68

■図69

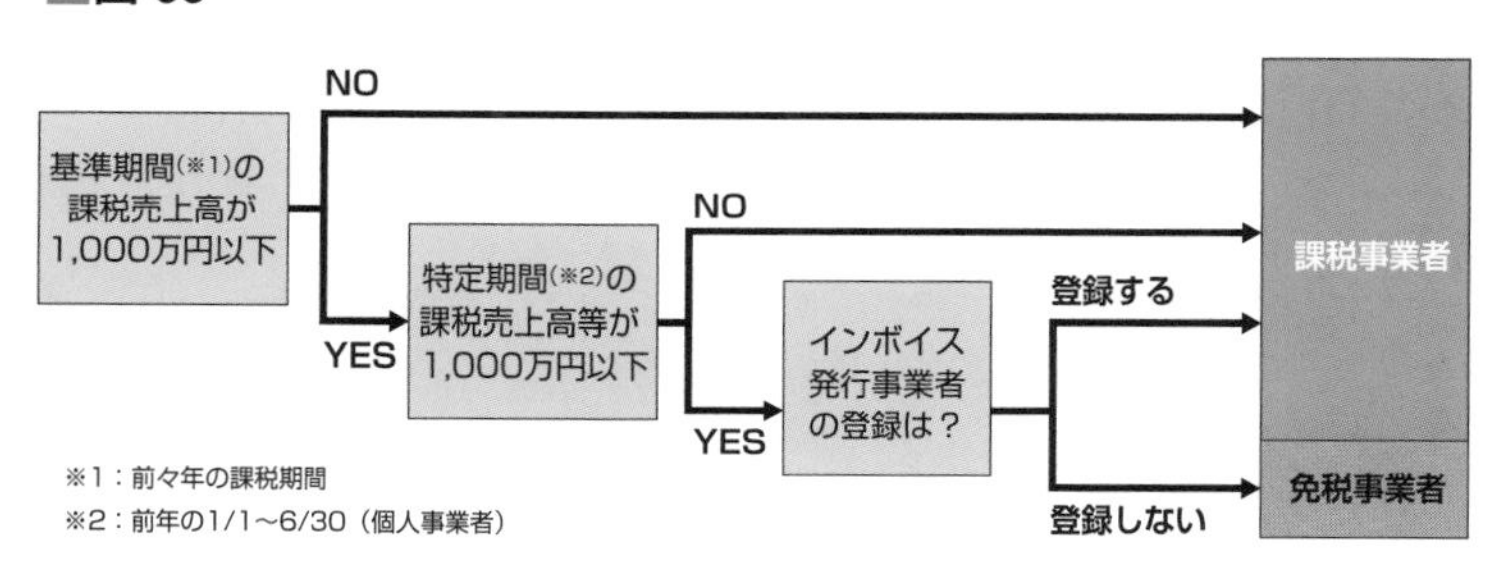

税の申告納税の義務を負います。ただし、基準期間（前々年の課税期間）の課税売上高が1000万円以下で、且つ特定期間（個人事業者は前年の1月1日から6月30日まで）の課税売上高または給与等支払額が1000万円以下の事業者は「免税事業者」として、消費税の申告納税が免除されます。

しかし、免税事業者であってもインボイス発行事業者に登録をすれば、消費税の課税事業者となります。（図69）

個人事業者が消費税の課税事業者となった場合は、課税期間1月1日から12月31日の取引について、翌年の3月31日までに消費税の申告と納税を行う必要があります。

インボイス制度の概要と免税事業者への影響

インボイス制度（適格請求書保存方式）とは、消費税の申告を厳格化する制度で、2023年10月に導入されました。

消費税の申告を行う場合、原則的には、売手として受け取った消費税（売上税額）から、買手として払った消費税（仕入税額）を引いて納税額を計算します。インボイス制度が導入されたことにより、支払った消費税（仕入税額）を引くためには、インボイス（適格請求書）の交付を受け、保存することが要件になりました。つまり、消費税を支払った相手からインボイスを交付してもらえない場合は「仕入税額」として控除することができないため、消費税の納税額が増えてしまいます。

図70で、買手である課税事業者の立場に立って考えると、インボイスを交付できるAさん、交付できないBさんのどちらに仕事を発注したいと思いますか？

■図 70

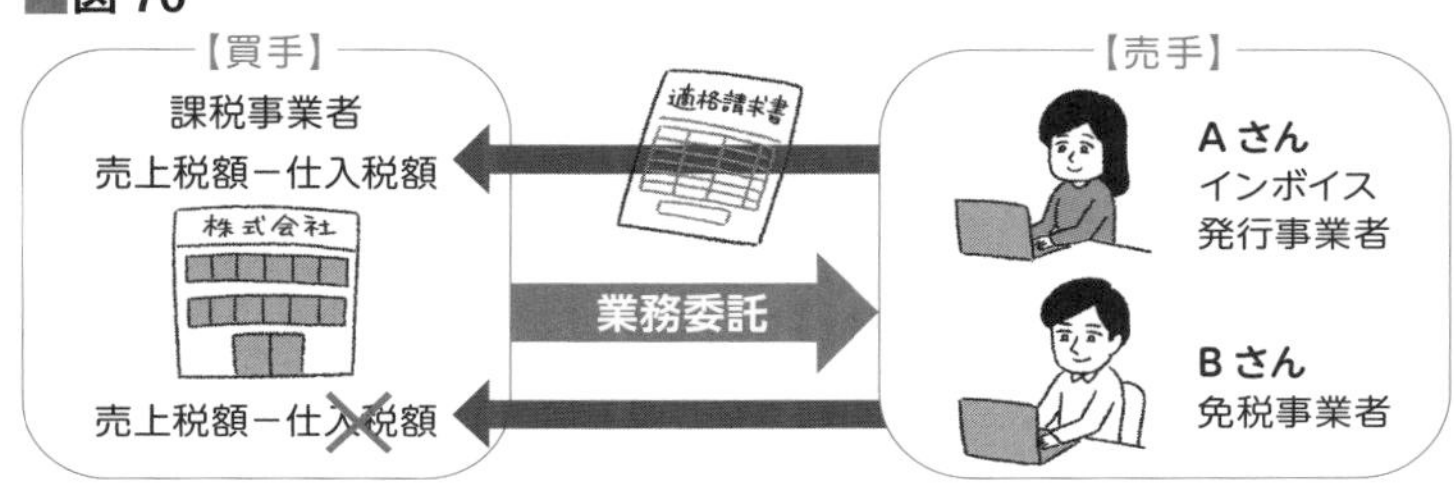

■図 71

発行事業者	登録する	登録しない
メリット	スムーズに仕事を受注できる	消費税の申告・納税が不要
デメリット	消費税申告の事務負担の増加 消費税納税の税負担の増加	仕事が受注できない可能性 取引額が減額される可能性

買手の立場に立つと、能力や金額など条件が同じであれば、Aさんに発注した方が良いと考えられます。

Bさんもインボイス発行事業者に登録をすれば良いのですが、売上高が1000万円未満の免税事業者であっても、インボイス発行事業者になると消費税の課税事業者になりますので、消費税の申告納税の義務が発生します。

免税事業者の方は登録する必要性やメリット・デメリットを十分に検討しましょう。（図71）

インボイス発行事業者登録の要不要

インボイス発行事業者に登録をする必要があるか否かは、顧客によって異なります。図72のように顧客のほとんどが消費者であれば、登録する必要はありません。また、得意先が事業者であっても、小規模な事業者（免税事業者や簡易課税の課税事業者）であれば、インボイス（適格請求書）の交付を求められる可能性は低いので、登録する必要性も低いと考えられます。

得意先が売上規模５０００万円超の事業者（原則課税の課税事業者）の場合は、得意先の免税事業者への対応方針を確認しましょう。

その上で登録する場合、しない場合の影響を考えて、登録するか判断しましょう。

例えば、売上の９割が消費者、１割が大手企業からという場合、消費税を納めるより大手企業から得ている消費税分の減額に応じた方が得というケースもあります。

■図 72
インボイス制度の登録を検討する必要性

事業例	学習教室　エステサロン	飲食店　タクシー	建設業 ひとり親方　企業研修講師
顧客	消費者 免税事業者 課税事業者（簡易課税	不特定多数 混在	課税事業者（原則課税）
登録の要不要	インボイス登録の 必要がない可能性大	インボイス登録の 必要があるか要検討	インボイス登録の 必要がある可能性大

■図 73

影響が大きい場合
インボイス発行できないの？
大きな仕事が来なくなるかも
登録する
影響が小さい場合
インボイス発行できないの？
そんなに仕事もらってませんけど
登録しない

　ただし、取引そのものがなくなる可能性があれば、登録をして仕事を継続できる方が良いかもしれません。（図73）

　また、現在は登録の必要がなくても、「企業案件を増やしたい」という考えであればチャンスを逃さないために登録するというのも一考です。

　このように、登録の要不要については、現在の顧客の取引状況だけでなく、今後の事業方針も考慮して、総合的に判断するようにしましょう。

インボイス発行事業者に登録をする場合

インボイス発行事業者に登録するには、所轄税務署長に登録申請を行う必要があります。登録申請の手続きは国税庁のサイトe-Taxから行うこともできますし「適格請求書発行事業者登録申請書」を郵送して行うこともできます。

インボイス発行事業者として登録された場合、登録番号（T＋13桁の番号）が通知されます。また、国税庁の「適格請求書発行事業者公表サイト」で登録番号から検索により、氏名または屋号、登録年月日等が公表されます。なお、個人事業主の場合は住所などの個人情報は公表されません。

①インボイス登録事業者の義務（売手としての義務）

インボイス発行事業者に登録をすると、インボイス（適格請求書）を交付する義務と、その写しを保存する義務が発生します。（図74）

■図 74

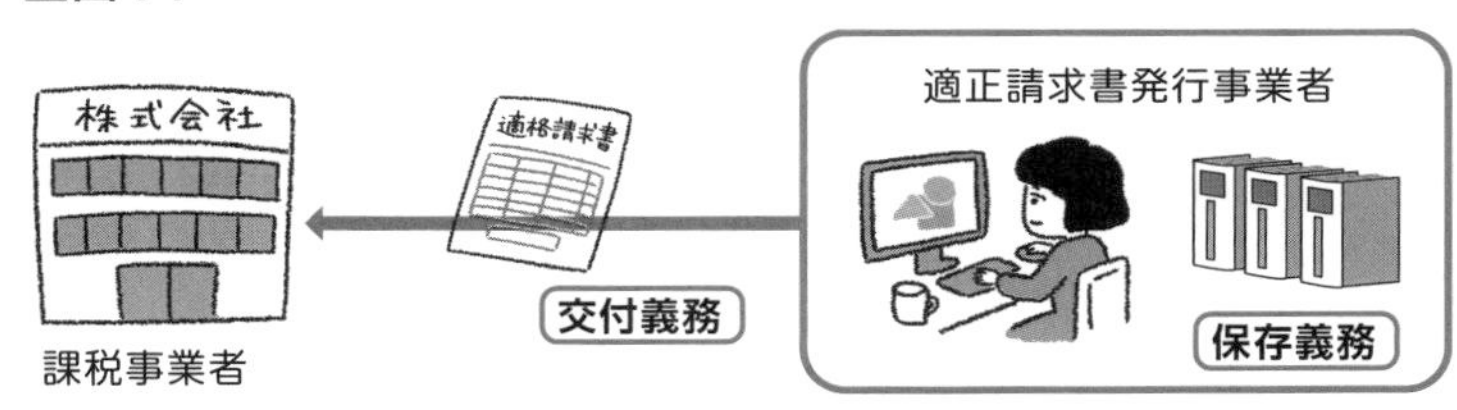

インボイスの交付義務

インボイス発行事業者は買手（課税事業者）の求めに応じてインボイスを交付する義務を負います。インボイスは、売手が買手に対して正確な適用税率や消費税額等を伝えるもので、必要な記載事項が定められています。

インボイスの保存義務

交付したインボイスの写しを7年間（会社法、法人税法上は最長10年間）保存する義務があります。

②課税事業者としての義務（買手としての留意点）

インボイス発行事業者になると同時に消費税の課税事業者として、消費税の申告納税の義務を負います。消費税の申告について「原則課税」を選択する場合は、支払った消費税についてインボイスの交付を受け、保存することが、「仕入税額」として控除する要件となっています。

インボイス（適格請求書）の書き方

インボイス（適格請求書）は、売手が買手に対して正確な適用税率や消費税額等を伝えるもので、図75のように必要な記載事項が定められています。

ポイントは、①登録番号を記載すること、④⑤の税率ごとに区分して対価や消費税の額の合計を記載すること、③軽減税率対象の品目にはその旨の印をつけることです。

不特定多数を顧客とする場合は、⑥書類の交付を受ける事業者等の記載がない「簡易インボイス」の交付が可能です。

様式に定めはなく、必要な事項が記載されていれば手書きであっても構いません。軽減税率対象の商品がなければ、通常の請求書に登録番号を付す程度で対応できると思います。

「請求書」に限らず「領収書」や「納品書」をインボイスとすることもできます。

■図 75

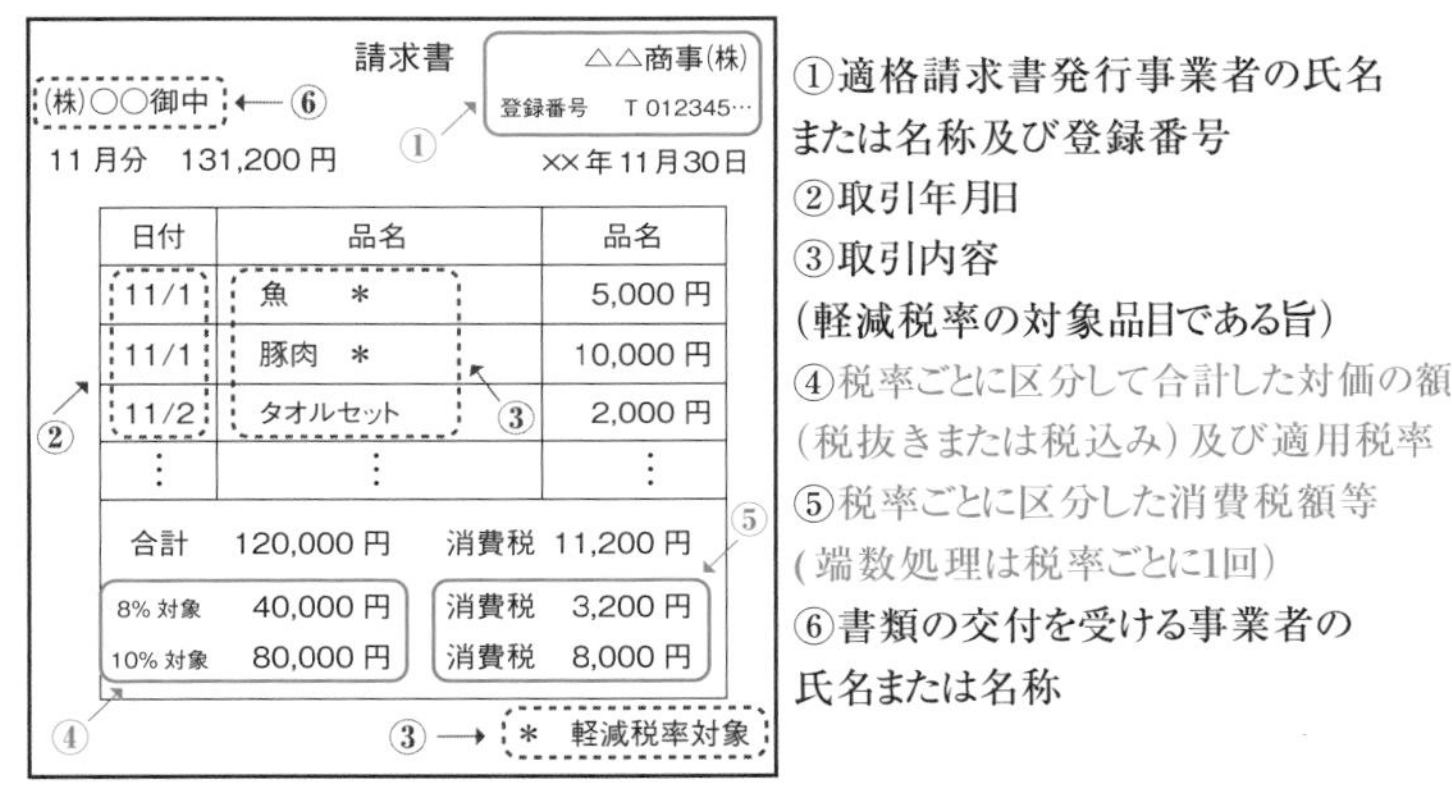

請求書
△△商事(株)
登録番号 T 012345…
(株)○○御中 ←⑥
①
11 月分 131,200 円
××年11月30日
日付 品名 品名
11/1 魚 ＊ 5,000 円
11/1 豚肉 ＊ 10,000 円
11/2 タオルセット 2,000 円
②
③
⑤
合計 120,000 円 消費税 11,200 円
8% 対象 40,000 円 消費税 3,200 円
10% 対象 80,000 円 消費税 8,000 円
④
③ → ＊ 軽減税率対象
①適格請求書発行事業者の氏名
または名称及び登録番号
②取引年月日
③取引内容
(軽減税率の対象品目である旨)
④税率ごとに区分して合計した対価の額
(税抜きまたは税込み) 及び適用税率
⑤税率ごとに区分した消費税額等
(端数処理は税率ごとに1回)
⑥書類の交付を受ける事業者の
氏名または名称

出典：国税庁　令和4年9月版「適格請求書等保存方式の手引き」

また、複数の書類を併せてインボイスとすることもできます。

例えば、毎週納品をして、1か月分をまとめて請求する場合、②日付や③品目は「納品書」に記載して、その他の事項を「請求書」に記載すれば、納品書と請求書で必要事項が網羅されます。

何をもってインボイスとするか、得意先に伝えておきましょう。

交付したインボイスについて、控えを原則7年間（会社法、法人税法上は最長10年間）保存する義務があります。パソコン等で作成したインボイスは電子データを写しとして保存することも可能です。

消費税の申告方法と納税額の違い

消費税の申告方法には「原則課税」「簡易課税」の2つがあります。また、免税事業者からインボイス発行事業者に登録をして課税事業者になった方は「2割特例」を選択することもできます。

①原則課税

「原則課税」は、売手として受け取った消費税（売上税額）から、買手として支払った消費税（仕入税額）を引いて、納税額を計算する課税方法です。

例えば、イラストレーターのAさん（売上550万円、必要経費330万円、全取引の消費税率10%）の場合は、図76のように計算します。

逆に、仕入税額が売上税額より大きくなる場合は、差額が還付されます。

原則課税は納税額を正確に計算できるという面では良い方法ですが、記帳作業や申

■図 76

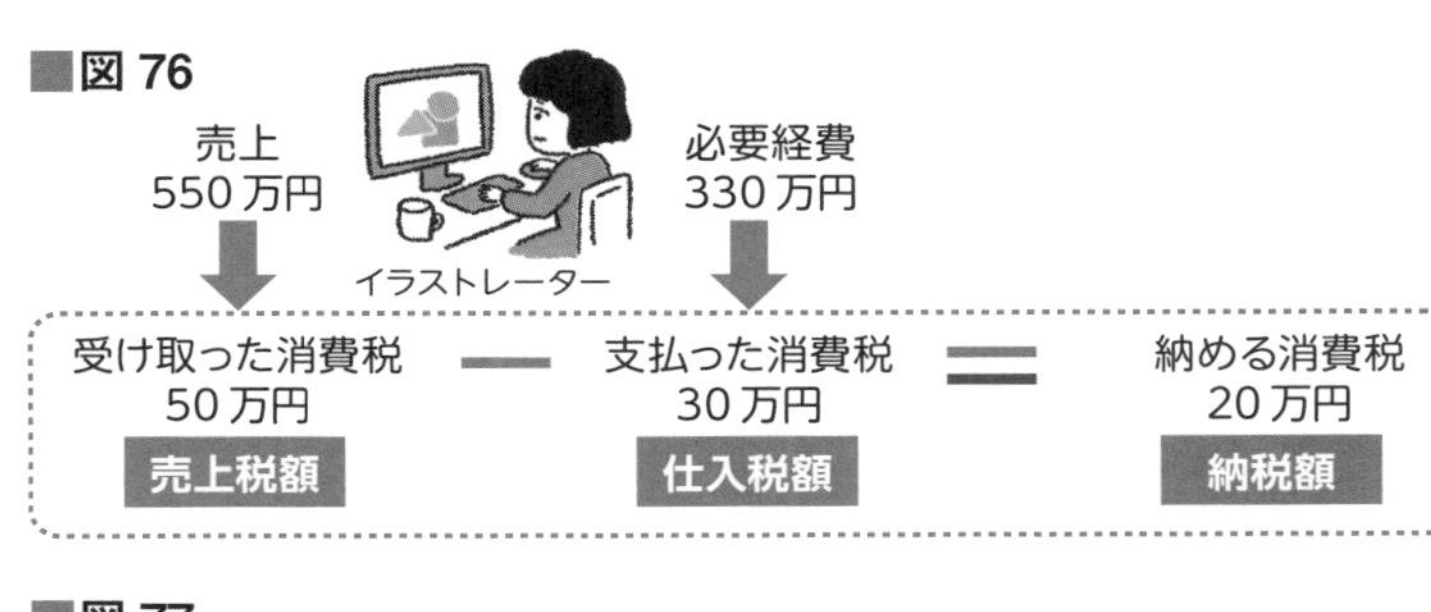

■図 77

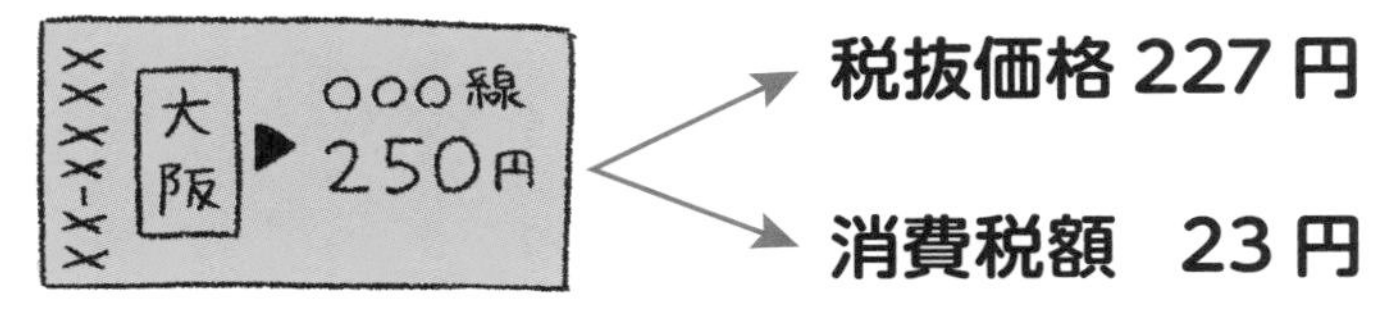

告作業が煩雑になります。例えば、電車代250円を支払った場合、うち10％の消費税を分けて記帳する必要があります。（図77）

このように消費税を記帳する作業も面倒ですが、それだけではありません。

支払った消費税を「仕入税額」として引くためには、インボイス（適格請求書）を受け取り、保存することが要件になっています。

支払先がインボイス発行事業者に登録をしていなければ、消費税を支払っても「仕入税額」として差し引くことができず、消費税負担が増えることになります。

ただし、インボイス発行事業者以外に支払った消費税の一定割合を「仕入税額」とみなして控除できる経過措置が設けられています。

仕入税額控除の経過措置
2026年（令和8年）9月30日まで：80％
2026年（令和8年）10月1日から2029年（令和11年）9月30日まで：50％

また、そもそもインボイスの発行義務がない以下の取引は、インボイス（適格請求書）がなくても、仕入税額として引くことができます。

インボイス発行義務がない取引
・1回の取引が税込み3万円未満の公共交通機関の運賃
・1回の取引が税込み3万円未満の自動販売機による販売
・郵便切手を対価とする郵便サービスなど

■図 78

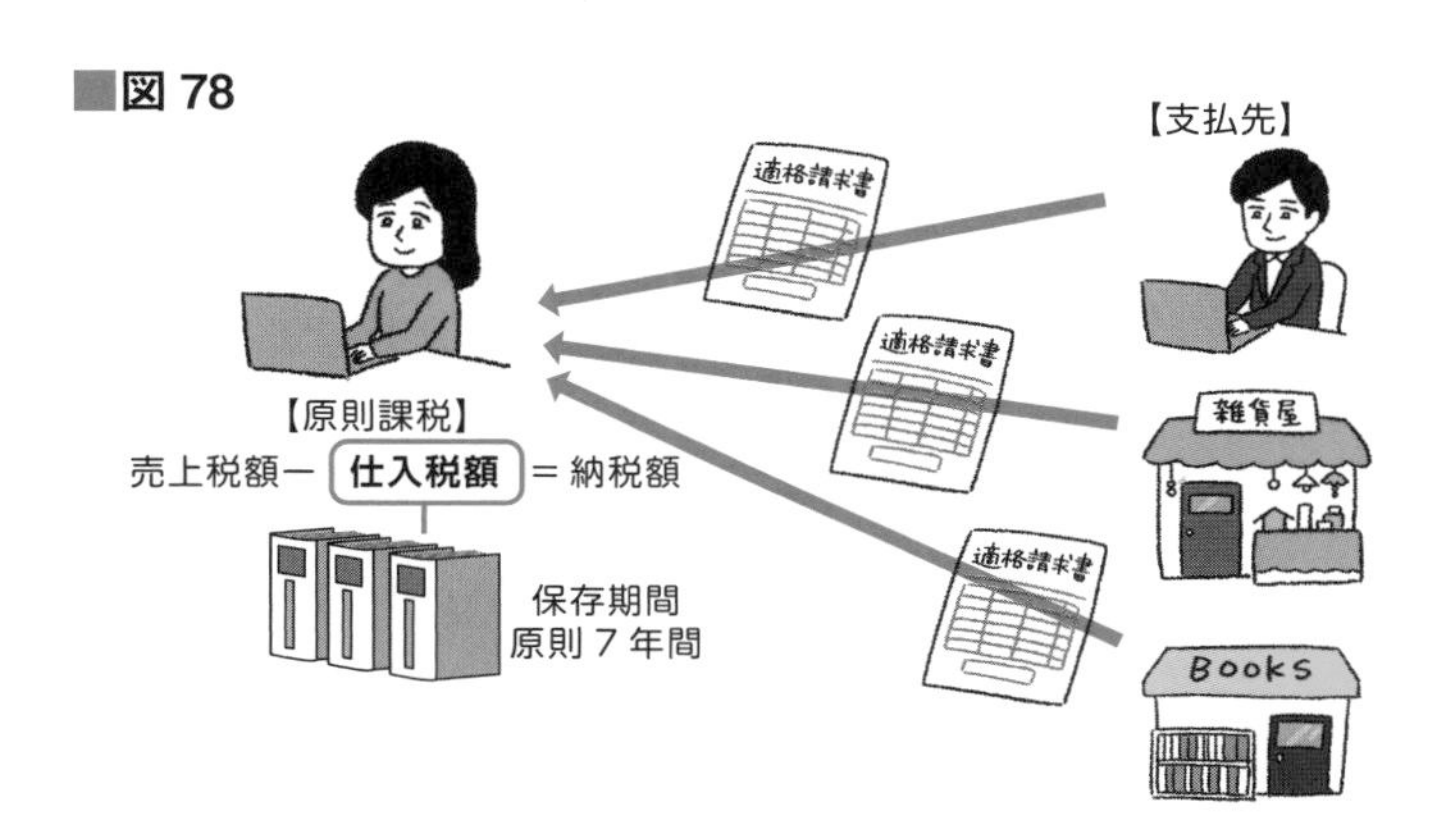

さらに、基準期間における課税売上高が1億円以下等の事業者については、２０２９年（令和11年）９月30日まで、１回の取引が税込み１万円未満の少額取引については、インボイス（適格請求書）がなくても仕入税額として引くことができる特例措置があります。

このように原則課税は記帳作業、確認作業など会計にまつわる事務負担が重くなります。（図78）

会計業務を外注できる方や、会計ソフトを使いこなせる方は良いのですが、ひとりで全てを担う小規模な事業者には難しいかもしれません。そこで小規模な事業者に配慮した消費税の計算方法を次に紹介します。

②簡易課税

基準期間の課税売上高が5000万円以下の課税事業者は、所轄税務署長に「消費税簡易課税制度選択届出書」を提出することで、簡便な方法で消費税額が計算できる「簡易課税制度」を選択することができます。

簡易課税では、業種により異なる「みなし仕入率」を乗じて「仕入税額」を算出します。みなし仕入率は業種によって、図79のように定められています。

例えば、前出のイラストレーターAさん（売上550万円、必要経費330万円、全取引の消費税率10％）の場合、図80のように計算します。

このように簡易課税では、売上税額が分かればよく、仕入税額を把握する必要がありません。支払った消費税にまつわる煩雑な記帳作業も、支払先がインボイス発行事業者かの確認も、買手としてインボイス（適格請求書）を保存する必要もありません。

ただし、売上をベースに納税額が計算されるため、たとえ赤字であっても、消費税を納める必要があります。一般的には、利益が多いほど、経費の非課税取引（人件費など）が多いほど、簡易課税が有利になると考えられます。

■図79

事業区分	みなし仕入率	該当する主な事業
第１種	90%	卸売業
第２種	80%	小売業、農・林・漁業
第３種	70%	鉱工業、建設業、製造業など
第４種	60%	飲食業など
第５種	50%	サービス業、運輸通信業、金融・保険業
第６種	40%	不動産業

■図80

売上
550万円

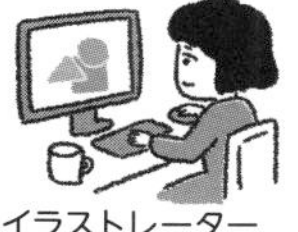

必要経費
330万円

売上税額 50万円 ー 売上税額 50万円 × みなし仕入率 サービス業50% ＝ 納税額 25万円

このように原則課税と簡易課税のどちらが有利かは収支の状況によって異なりますが、事務負担の面から考えると小規模な事業者にとっては、簡易課税が現実的な選択になると思います。

ただし、２０２６年分まではさらに納税額が低く抑えられる「２割特例」があります。

③2割特例

免税事業者からインボイス発行事業者に登録をして課税事業者になった方は、2026年分（令和8年分）の申告まで、「2割特例」を選択することができます。

「2割特例」は、小規模な事業者の税負担を軽減するための特例措置で、対象となる事業者は選択により納税額を売上税額の2割とすることができます。

例えば、イラストレーターAさん（売上550万円、必要経費330万円、消費税率10％）の場合、図81のように計算します。

「2割特例」も売上税額を把握するだけで納税額が計算できますので、仕入税額について記帳する必要はありません。簡易課税と同じく、会計作業の事務負担も軽減されます。

簡易課税と比較すると、卸売業（みなし仕入率90％）、小売業（みなし仕入率80％）以外は2割特例を選択することで納税額が少なくなります。

以上、「原則課税」「簡易課税」「2割特例」と3つの申告方法を紹介しましたが、Aさんの納税額を比較してみると図82のようになります。

■図81

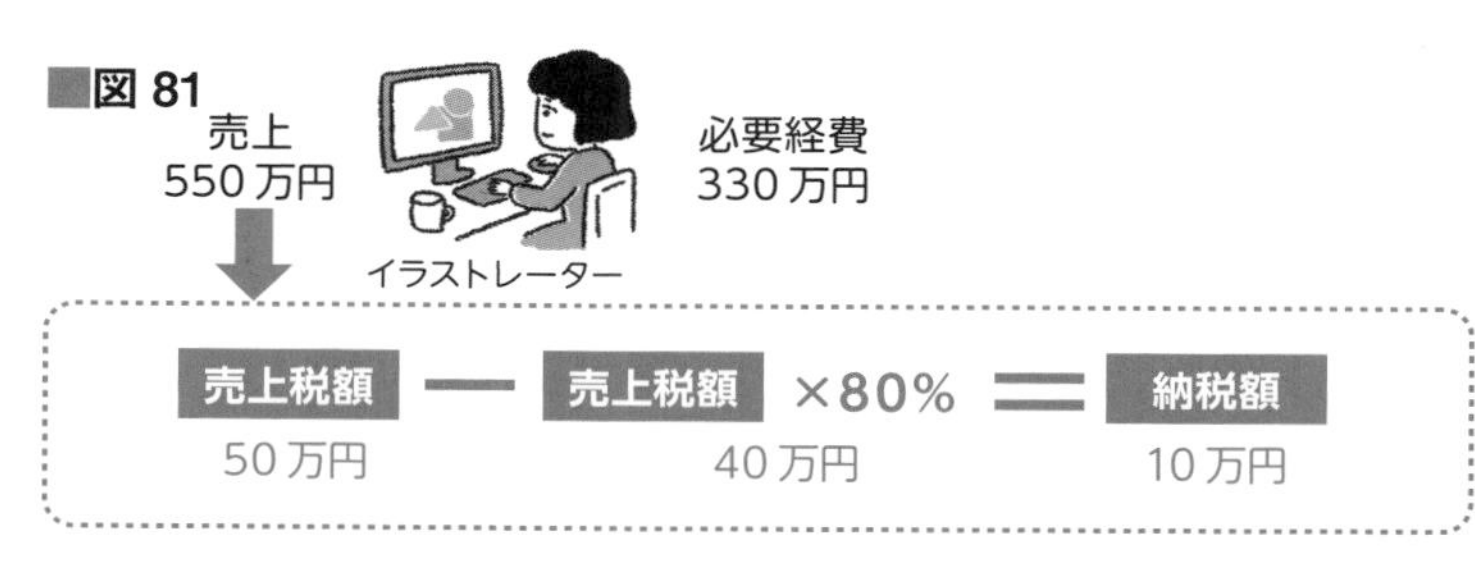

■図82

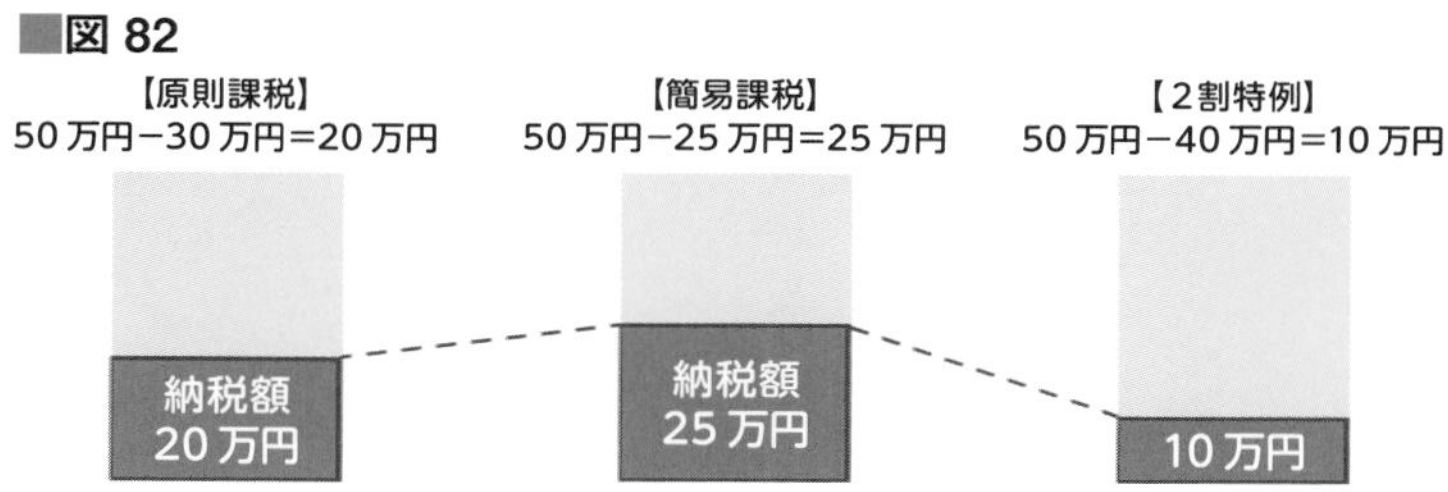

このような収支状況であれば、2割特例が適用できる期間は2割特例を選択して、それ以降は原則課税を選択すれば納税額を少なくすることができます。

しかし、原則課税を選択した方が多少得になったとしても、取引全ての消費税を記帳したり、インボイス（適格請求書）を集め保存する労力を考慮すると、割に合わないということもあります。会計処理を外注する場合は、支払う手数料が税負担の軽減に見合うか、冷静に判断しましょう。5万円節税するために専門家に10万円以上支払ったり、仕事をセーブして申告作業の時間を確保したりしていては本末転倒です。

Check! 58

インボイス発行事業者に登録しない場合（免税事業者）

「免税事業者だと消費税を請求してはいけないのでは？」そんな疑問を持つ方もいますが、「免税事業者は消費税を請求してはならない」というルールはありません。

免税事業者であっても、その取引が課税取引であれば、消費税を請求することになります。例えば「消費税を負けてあげる」と言って販売したとしても、課税取引である限り、「消費税を請求しなかった」ということにはなりません。内税として消費税を受けとったことになります。

また、インボイス制度導入に際し、免税事業者に支払った消費税の一定割合を「仕入税額」とみなして控除できる経過措置が設けられています。

仕入税額控除の経過措置
２０２６年（令和８年）９月30日まで：80％
２０２６年（令和８年）10月１日から２０２９年（令和11年）９月30日まで：50％

インボイス導入時、免税事業者への対応は事業者によってマチマチでした。

①免税事業者にも変わりなく消費税を支払う
②仕入税額控除の経過措置を加味した取引価格とする
③免税事業者との取引価格は税抜の価格とする
④免税事業者とは取引しない

なお、「仕入税額控除の経過措置」があるにもかかわらず、免税事業者に対して一方的に消費税相当額を支払わない（値下げ）や、取引を行わないなどの行為は、独占禁止法や下請法に抵触するとして公正取引委員会が注意喚起を行っています。

従って、③、④の対応は法に抵触する可能性があります。取引価格については「仕入税額控除の経過措置」も踏まえて得意先と相談してみましょう。

第8章

起業を成功に導く3つのポイント

起業を成功に導く3つのポイント

扶養内から起業して、10年以上活躍する女性を見ていると「無理なく起業を成功に導くためのポイント」として、3つの共通点があることが分かります。

①好きなことをする

「好きを仕事に」と言うと「甘い」と思われるかもしれませんが、成功するために最も大切なことは「続けること」です。

「好きこそものの上手なれ」の言葉通り、好きなことは飽きずに続けることができます。楽しみながら努力を続けることができれば、いずれその道のプロと認められるようになります。

「好きなこと」を見つけるためには「どんな時にモチベーションが上がるのか」自分の心が向かう先を知ることが大切です。

②小さく始める

「事業を始めるには先行投資が必要」なんてことはありません。最初から事務所を借りる必要もありません。たとえば、サロンや教室をする人なら、自宅の一室を利用しても良いですし、レンタルスペースを借りることもできます。

なるべくお金をかけずにできる方法を考えて、固定費を抑えるようにしましょう。

固定費がなければ、たとえ売上がゼロだとしても損失は出ません。

人を雇わず、家賃を払わず、借金をせず、小さく始めることが大切です。

③動きながら考える

「しっかりした事業計画を立ててから」「もっと上級資格を取得してから」と、計画を練ったり、学んだりするだけで時間を費やし、なかなか動き出せない人もいます。

しかし、いくら立派な計画を立てても行動しなければ始まりません。計画に不安なところがあっても、やりながら修正していけば良いのです。たとえ知識や技術が未熟だとしても「今できること」を役立てながらスキルアップをしていきましょう。失敗を恐れずやってみること、完璧を目指さないことが大切です。

「好きなこと」を見つける

起業を成功に導くカギは「好きなこと」をすることです。「好きなこと」とは、単に「興味のあること」「得意なこと」というだけではありません。

趣味が高じて仕事になった人、苦手を克服した経験から仕事にしている人、様々な起業のやり方がありますが、今活躍している人に共通することは「続けてきた」ということです。飽きずに続けられる、自然と「心が向かうこと」が見つかれば、半分成功したようなものです。

私は独立系のファイナンシャルプランナーとして18年活動を続けていますが、元々は金融の知識や経済に興味はありませんでした。ところが30歳を過ぎて夫が独立開業し、個人事業主の妻として夫をサポートする中で、お金の知識の必要性を痛感したことがきっかけで、ファイナンシャルプランナーの勉強を始めました。

学んでみると「いかに大切なことを知らずに生きてきたことか」と驚きました。そして「自己責任の時代と言われるが、それに見合う教育を受けてきただろうか？」と「知らされる権利」が保障されていない理不尽さに憤りを覚えました。これが原動力となって「一人でも多くの方に、お金について自ら考え判断できる安心を届けたい」との想いで、お金の知識の普及活動に携わるようになりました。

「お金の知識」そのものが「好きなこと」という訳ではありませんが、小学生の頃から教師になるのが夢で、人前で発表したり、教えたりするのは好きでした。また数学も好きで、数字を使って論理的に話を展開するのも得意な方だと思います。ですから「お金の知識を伝える」という金融教育活動は、自分の性にあった「好きなこと」なのだと思います。

私は夕食のメニューを考えるのは億劫で、料理についてはあまり頭が働きませんが、セミナーで使用する資料を作るのは、何時間費やしても苦になりません。

「心が向かう」ことだと頭も体も良く動き、自然と費やす時間も長くなるものです。その結果、人よりも上達し、その道のプロとして通用するようになります。

☑子育て経験からコミュニケーションについてブログで発信している内に、企業の人材育成の仕事に関わるようになった人
☑裁縫が好きで作った小物をＳＮＳに投稿している内に注文が入るようになった人
☑趣味で食レポをインスタに投稿していたら、企業のＳＮＳ運用代行を任されるようになった人
☑お子さんのアレルギーを克服した経験から、アレルギー専門のネットショップを立ち上げた人
☑引きこもりから鬱になった経験、それを克服した経験から、「引きこもり専門のカウンセラー」として親御さんにアドバイスをしている人

このようにゼロの状態からスタートして、1~2年で夫の扶養から外れたり、新入社員以上の収入を得るようになったり、無理なく自分らしい働き方を実現している人をこれまでに何人も見てきました。

あなたの心が向かう「好きなこと」を見つけるために、まずあなた自身を知ることが大切です。あなたのこれまでを振り返って、次のことを考えてみましょう。

①興味・関心：「もっと知りたい」と本で調べたり、知識欲が旺盛になること
②得意・特技：褒められること、上手にできると自覚していること、取得した資格
③悩み・困り事：悩んだ経験や困った経験から自分なりに克服できたこと
④職業観：憧れる職業や働き方、どのような貢献がしたいか
⑤モチベーションの源泉：どのような時に喜びを感じるか、何に突き動かされるか

謙遜は禁止です。自分では当たり前にできていることは「これくらい普通」と思いがちですが、他人から見たらスゴイということもあります。過去に1回でも褒められたら「得意なこと」として書き留めてください。

過去を3つのライフステージに分けて分析するワークシート「ジブンを知る3ステージ」を本書の付録として準備しています。270頁のQRコードよりダウンロードし

「自分を知るツール」としてご活用ください。なお、分析のやり方については、参考事例をふんだんに紹介している前著『小さく始めて夢を叶える女性ひとり起業スタートＢＯＯＫ』に掲載していますので、参考になさってください。

「何かしたいけど、私にはコレといって得意なことなどない」という方も、「自分を知る３ステージ分析」にじっくり取り組むことで、忘れていたあなたの強みや、あなたの生い立ちから深くあなたの中に根を下ろす大切な価値観に気づけます。

自分らしさを活かせる「何か」を見つけるためにも、一度、自分に向き合う時間を作っていただくことをお勧めします。

また、モチベーションが上がる職業分野を知る簡易診断ツールとして「スキ職診断」を用意しています。２７０頁のＱＲコードからご利用いただけますので、こちらも参考になさってください。（図83）

24の項目に答えていくことで、自分に合った職業分野を知るヒントになるでしょう。

■図 83

スキ職診断

職業分野		特徴	職業例
対人的職業	【教え系】	人に教える仕事 知識や技術を教え伝えることで 人を成長させる	先生、講師、士業、コーチ コンサルタント、アドバイザーなど
	【癒す系】	人を癒す仕事 専門的知識や技術を使って、 負の状態にある心身を回復させる	カウンセラー、セラピスト、整体師 占い師など
技術的職業	【作る系】	モノを作る仕事 モノ作りを通して人に喜ばれる	ハンドメイド作家 イラストレーター、菓子職人など
	【ワザ系】	技術を提供する仕事 専門的技術の提供により人に喜ばれる	フォトグラファー、家事代行 ネイリスト、演奏家など

小さく始める

つぶれにくい会社の条件は、固定費が少なく、借金がないことです。固定費とは家賃や人件費、利息の支払いなど、売上に関係なく発生する固定的な支出です。固定費が高いと売上が落ちた時に損失が出やすくなります。

また借金の返済があると、利益の有無に関わらず、元金の返済が発生します。借金を返せない状態（債務不履行）に陥ると、黒字であっても倒産してしまいます。

「固定費を少なくし、借金をしない」というのは個人事業主としても失敗しないポイントになります。

自宅で、人を雇わず、借金をせず、今あるもので小さく始めれば、たとえ、数か月売上が上がらなくても、事業を止める必要はありません。

今は事務所代わりに使えるレンタルオフィスや、施術台の備えがあるレンタルサロンなどもあります。事業が軌道に乗るまでは、大きな投資をせずに小さく始めることができます。

また、最初から何十万円もかけて立派なホームページを作る必要はありません。ブログやSNSなど無料または月数千円で利用できる情報発信ツールもありますので、それらを上手に活用されると良いでしょう。

小さく始めたフォトグラファーのケース

写真館でパートタイマーとして働いたことをキッカケに着物写真家として活躍する女性の例を紹介します。

彼女は写真館で事務の仕事をしていましたが、写真にも興味を持ち、カメラを借りて見様見真似で練習していました。

もともと着物が好きで着付けも習っていましたので、娘さんの成人式には自分で着物を着せ、写真も撮影したそうです。

その写真を年賀状に載せ「着付けと写真の仕事を始めました」と書いたところ、後日、友人から仕事の依頼が入ったそうです。

最初は借り物のカメラでスキルを磨きながら「着物写真家」として実績を積み上げ、中古のカメラを購入したのはしばらくしてからとのこと。

徐々に仕事が増え、数年後にはパートを辞めてフォトグラファーとしての仕事に専念することにし、パート先だった写真館からもフォトグラファーとして仕事を頂くようになったそうです。

現在はカメラだけでなく、屋外で撮影するための機材や、照明器具、レンタル用の着物や小物など撮影に必要なもの一式を買い揃えて、お客様は身一つで待っていれば、着付けから写真撮影まで全てお任せできるという至れり尽くせりの撮影サービスを提供されています。

このように事業への投資も無理なく少しずつしていかれてはいかがでしょうか。

撮影 /Photo & Kimono「haru（ハル）」

Check! 62

動きながら考える

「仕事にするからには、プロと呼ばれるに相応しい知識やスキルを身につけてから」と、なかなか行動に移せない人もいますが、完璧である必要はありません。

私の例をあげて恐縮ですが、私が生協で組合員を対象に活動を始めたのは、ＦＰ３級を取得したばかりの頃でした。ちなみに、ファイナンシャルプランナーの資格はＦＰ３級からＡＦＰ・ＦＰ２級、ＣＦＰ・ＦＰ１級という上級資格まであります。

ＦＰ３級だった私は、ファイナンシャルプランナーとしてはまだ駆け出しでしたが、それでも知識があるのと全くないのとでは大きな差です。学んだばかりの「お金の知識」で人の役に立つ喜びを実感しながら、さらに学び続けて、最上級資格であるＣＦＰを取得したのは、活動を開始してから4年目のことでした。

そして活動を続けている内に、思いがけない幸運に出会うこともありました。

セミナーに参加した方から、大手保険会社の顧客向けセミナーの依頼を頂いたり、生協理事の紹介で大阪府の「消費者フェア」で講演する機会を頂いたり、ボランティアだった活動が徐々に仕事になってきました。

２０２０年に初めての著書となる『女性ひとり起業スタートＢＯＯＫ』を出版したのも、元をたどれば、２０１０年に大阪市男女共同参画センターのコラボ型セミナー事業に応募したことがきっかけでした。

女性のライフステージに応じた柔軟な働き方をテーマに「女性起業セミナー」を企画したところ、コラボ事業に採用されたのです。ただし、講師料は発生しません。告知・集客・会場提供を男女共同参画センターが担い、プログラムを私が提供するという協同事業のため、交通費も自腹です。

しかし、これをきっかけに他の男女共同参画センターから出講依頼を頂いたり、参加した方から別の団体を紹介されたり「女性の起業」について話をする機会を数多く頂戴しました。

そうするうちに女性の起業にまつわる相談が増え、フリーランスや個人事業主として働く方の悩みや疑問に応えるべく出版したのが前著『女性ひとり起業スタートＢＯＯＫ』でした。暮らしのお金の専門家である私がまさか「起業」の本を出版するとは夢にも思っていませんでした。

「犬も歩けば棒にあたる」ということわざがあります。

一般的には「思わぬ災難に出会う」というような意味合いで使われますが、これには諸説あって「思わぬ幸運に出会う」とか「数やっているうちにうまいことに行き当たる」というような意味合いもあるそうです。

確かに出会うのは「幸運」ばかりではありません。沢山の失敗や苦い経験もしてきました。

セミナー参加者の年代層を読み間違えて、ニーズに合わない内容の話をすることになったり、自主開催したセミナーに人が集まらず、マンツーマンに近い形で10回も連続講座を行うことになったり、講師派遣された高校で、うつ伏せで寝る生徒がいて心が折れてしまったり……。

主催者や参加された方に申し訳なくて「その場からいなくなりたい」と思うような

経験もしてきましたが、それぞれの苦い経験から得た教訓もあり、次に生かせているこことも沢山あります。

行動すれば、上手く行ったことからも失敗からも、学ぶことができます。完璧を求めず、「迷ったらやってみる」という意識へと変えていきましょう。「できたらいいな」という想いのままではチャンスは回ってきません。

時には回り道をしているように感じることもあるかもしれませんが、行動する中で多くの素敵な出会いがあります。

想いを行動に変えて「子どものためからママのためへ」のケース

一般社団法人コトモット代表の池田有美さんとの出会いは2013年、私が講師を務めた男女共同参画センターの「起業セミナー」でした。自閉症のお子さんを持つ池田さんは、お子さんが幼い頃、頻繁にパニックを起こすため仕事を辞めることになりました。

そんな時「親子ヨガ」に出会い、親子のコミュニケーションに取り入れたら、みるみるお子さんの状態が落ち着いてきたそうです。その経験から「親子ヨガを広めたい」と講師資格を取得。最初は自宅の空きスペースを活用して、親子ヨガ教室を開きたいとの想いでセミナーに参加されました。

近所の親子を集めて、「親子ヨガ教室」を始めたところ、参加した方の紹介で、幼稚園や行政の子育て講座の講師を務めるようになり、さらに大学や保育士研修に講師として招かれるなど活躍の場が広がっていきました。

外部に出講する機会が増えると「自宅の空きスペースの活用」どころではなくなってきました。そして、多くの親子に出会う中で「孤立しがちな母親に憩いの場を提供したい」という想いを持つように。

ゼロの状態から6年後の2019年には仲間と法人を設立し、大阪市の委託事業として子育て広場を運営するようになりました。

「親子ヨガを伝えたい」という目標の先で見つけた新たな夢も叶いました。そして、また次の夢に向けて心が動き始めたようです。

想いをもって行動していけば、可能性は限りなく広がっていくことと思います。未来の自分に期待して、大いに行動していきましょう。

一般社団法人コトモット　大阪市地域子育て支援拠点事業「関目つどいの広場うたたね」

起業とライフプラン

起業を成功に導くポイントとして、もう一つ大切なことがあります。

それは「無理せずマイペースに」ということです。女性は「結婚」「出産」「子育て」「介護」などのライフイベントによってライフスタイルが変化しやすいです。その時々に大切にしたいことを優先しながら柔軟な働き方ができると良いと思うのです。

起業したことで夫婦の関係がギクシャクしたり、忙しすぎて子どもの話に耳を傾ける余裕すらなくなってしまったりと、後々悔やむようなことになっては本末転倒です。

そうならないためにも長期的な視点に立って働き方を考えてみましょう。


現在、人生のどのステージにいて、5年後、10年後の家族はどうなっているのか？家庭で求められる役割が変化する中で、どのような働き方や生き方をしたいのか？

そのために今の自分が大切にしたいことは何か？

221頁図84の「ライフプランと働き方」を活用して、わが家のこれからを思い描いてみましょう。

家族の年齢を書いていきながら、その年に起こりそうなイベントをその下に書いていきます。お子さんの新入学やマイホーム購入予定、生活スタイルが大きく変化しそうなイベント事や、夫の定年退職、親の介護、車の買い替えなど大きなお金の動きがありそうなことを思い浮かべながら記入していきます。その上で、どのような働き方をしていきたいのか、仕事の内容、労働時間や日数、そして目標とする収入など具体的にイメージして記載していきましょう。

そして最後に、その時々であなたが優先的に時間や労力を使うべき「大切にしたいこと」を思い浮かべてみましょう。特に優先したい3つを選んで1位は★、2位は◎、3位は○など印をつけます。

子育てが終わったあと、どれくらいあなたの人生は続きそうでしょうか？
空いた時間をどのように使っていきたいでしょうか？

その後の人生も豊かで充実したものとなるよう、好きなこと、楽しめることを見つけておきましょう。

人の役に立ち、感謝され、その結果、収入も得られる「起業」であれば、経済的な安心感ももたらされます。そして、家庭だけでなく、社会に居場所があることで心の安定が保たれるのではないでしょうか。

仕事で成功することが全てではありません。起業は人生を充実させ、幸せになるための一つの方法です。誰かと競う必要もありません。あなた自身がその時々に大切にしたいことを大切にできるよう、しなやかに活躍できるといいですね。

■図 84

ライフプランと働き方

	年後	0	1	2	3	4	5	6	7	8	9	10
年齢	私											
	夫											
	長女											
ライフイベント	私											
	夫											
	長女											
仕事・社会活動	活動内容											
	労働時間 / 日											
	労働日数 / 週											
	収入目標 / 月											
	スキルアップ											
優先するベスト3	家族											
	交友関係											
	社会的活動											
	学び・成長											
	趣味・楽しみ											

第9章

好きなことを仕事に変える5ステップ

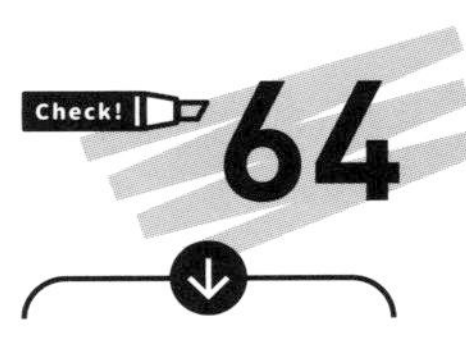

好きなことを仕事に変える5ステップ

「好きなことが見つかっても、どうすれば仕事になるのか」「起業というとやはりハードルが高い」そんな風に思っていませんか？

「起業」と言っても難しく考える必要はありません。植物を育てるようなイメージで、コツコツ大切に育てていけば、無理なく「好きなこと」を仕事にしていくことができます。

まずは①起業のタネをまき、②起業アイデアの芽が出たら、③幹となる考え方（起業コンセプト）を明確にして、④枝葉を伸ばして価値ある商品・サービスをお客様に届けます。お客様の⑤満足の花が咲いたら、⑥感謝の実が成ることでしょう。

この章では①起業のタネからアイデアの芽を出し、④マーケティングミックスを構築するまでのプロセスを5つのステップに分けて紹介します。

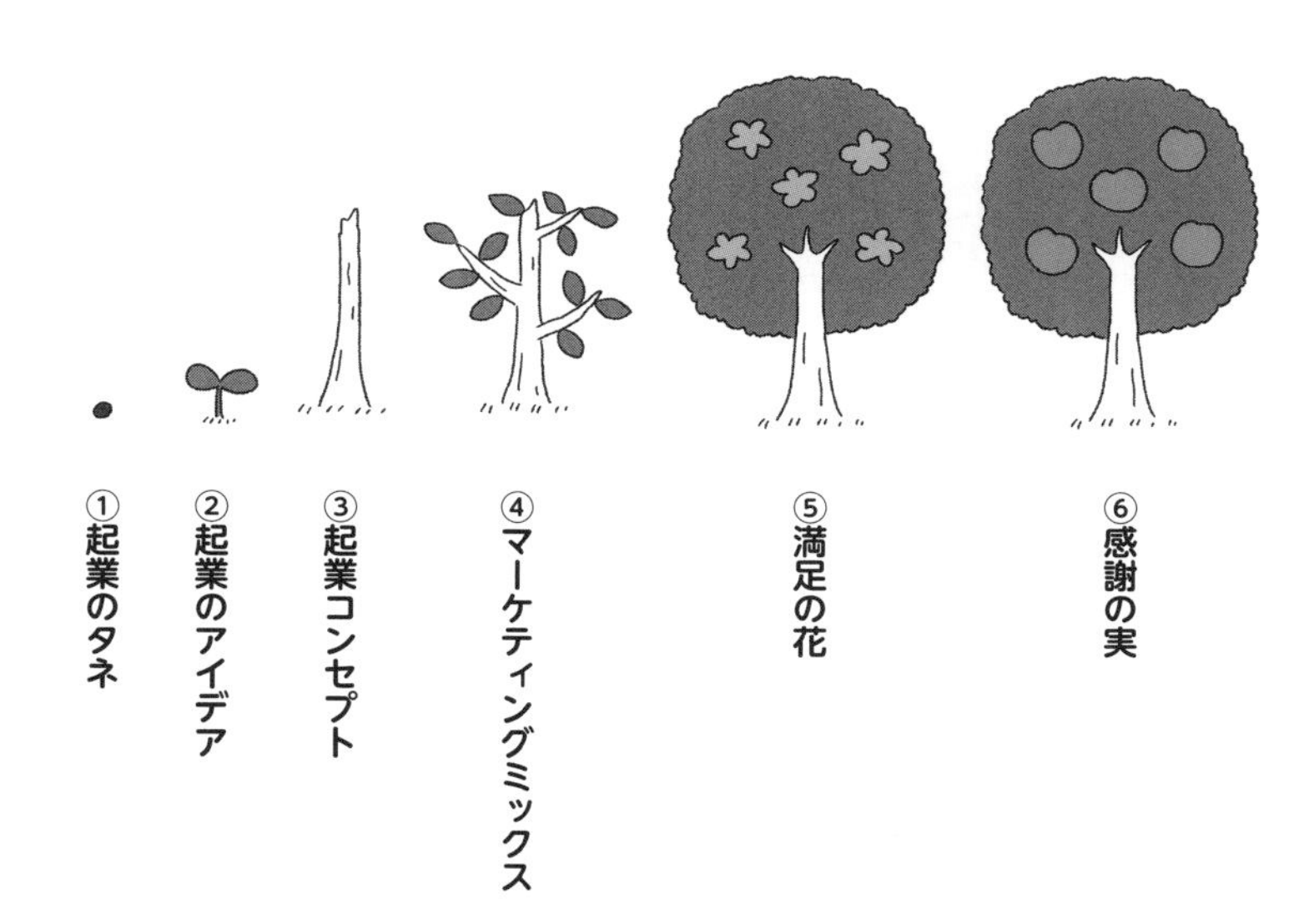
①起業のタネ
②起業のアイデア
③起業コンセプト
④マーケティングミックス
⑤満足の花
⑥感謝の実

ステップ1　起業アイデアを見つける

「やりたいこと」「できること」そして「求められること」が重なり合う起業アイデアを見つけます。

ステップ2　環境を分析する

起業アイデアの芽を育てるために必要な環境が整っているか、内外の環境を分析します。

ステップ3　ターゲットを設定する

誰に向けて商品・サービスを提供するのか、対象となる顧客を設定します。

ステップ4　起業コンセプトを明確にする

ターゲットに「どんな価値を、どのように」提供するのかを明確にします。

ステップ5　マーケティングミックスを構築する

起業コンセプトをカタチにするために、どのような商品・サービスを、どこで、いくらで提供するのか、販売促進策はどうするか、具体的な行動計画を立てていきます。

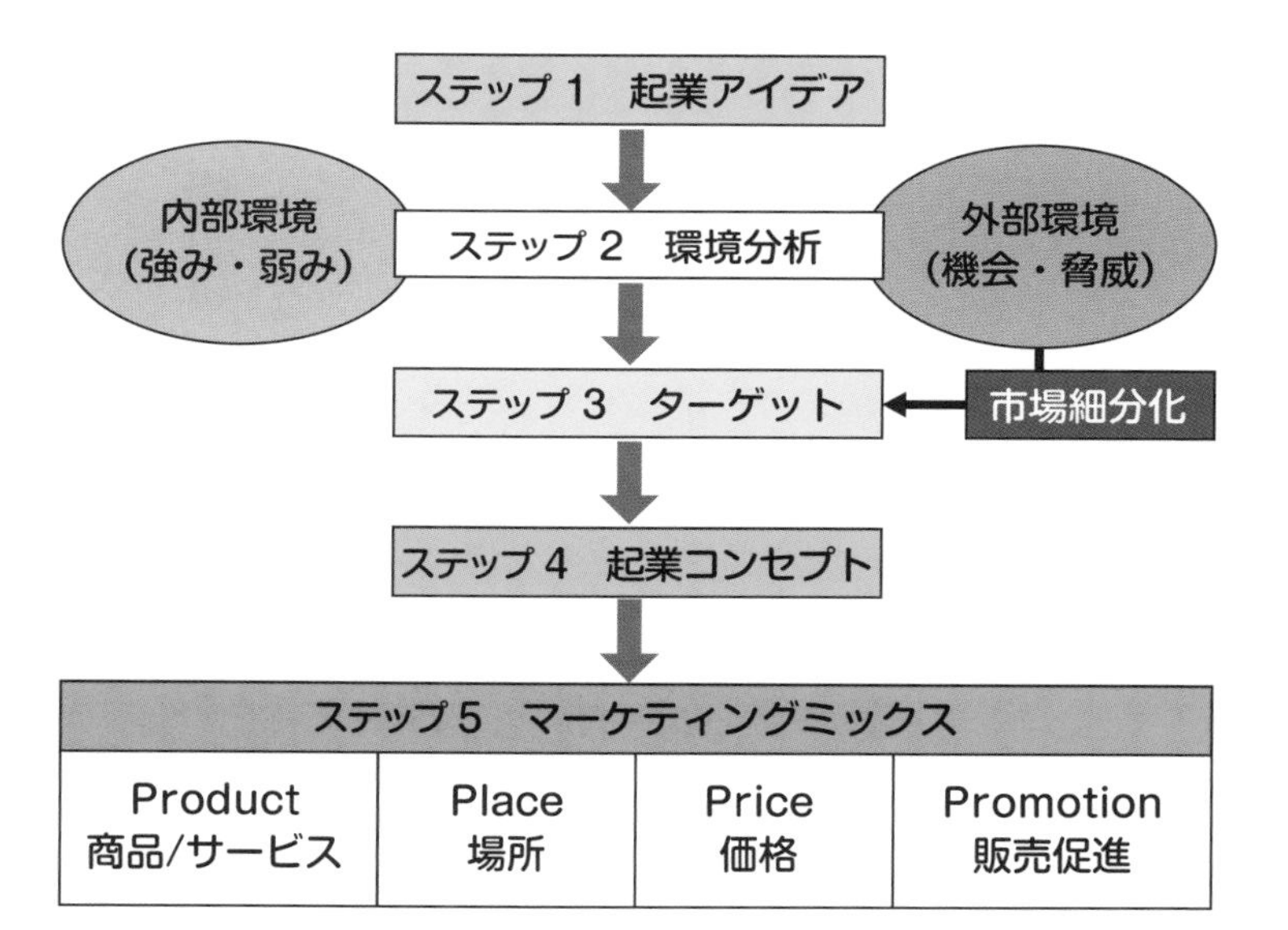
ステップ 1　起業アイデア
内部環境
（強み・弱み）
ステップ 2　環境分析
外部環境
（機会・脅威）
ステップ 3　ターゲット
市場細分化
ステップ 4　起業コンセプト
ステップ 5　マーケティングミックス
Product
商品/サービス
Place
場所
Price
価格
Promotion
販売促進

ステップ1 起業アイデアを見つける

まずは「起業アイデア」を見つけることから始めます。

起業アイデアはあなたの中にある「①やりたいこと」「②できること」、そして人から「③求められること」が重なり合う部分にあります。（231頁図85）

あなた自身のこれまでを振り返って、「①やりたいこと」と「②できること」を考えてみましょう。

①やりたいこと（意志）

・それをしていると楽しいと感じること
・人の役に立ち社会で実現したいこと
・こんな自分でありたいという自己実現の欲求

②できること（能力）

・褒められたことや得意なことなど
・興味を持って学んだこと、取得した資格
・仕事や経験で得た知識やスキル

例えば「料理は好きだったなぁ。子どもたちに料理の楽しさや作る喜びを味わってもらいたい。子ども料理教室なんてどうだろう」という感じで構いません。

「①やりたいこと」と「②できること」が重なり合う「起業のタネ」が見つかったら、今度は外に目を向けて「③求められていること」を考えてみましょう。

どんなに得意で、どんなにやりたい想いがあっても、それが人に必要とされなければ仕事にはなりません。

「起業のタネ」から「芽」が出るためには、それが人の役に立ち、人を幸せにすることである必要があります。この時、「なぜ子ども料理教室なのか」やりたい理由を自分の体験を通して語れると良いですね。

子ども料理教室をやりたい理由として、次のように書いてみるとします。

「私の親は共働きで、学校から帰るとひとり淋しく母親の帰りを待っていました。そんな時、家にあった料理本を見ながら肉じゃがを作ってみたところ、家族に凄く喜ばれて、それから得意になっていろんな料理にトライするようになりました。引っ込み思案で学校の成績もパッとしない、そんな自分に自信が持てたのは料理がきっかけだったかもしれません。料理を通して家族に感謝され、家族が笑顔になる、そんな経験が自信になって、他のことにも積極的にトライできるようになりました。そんな生きる力を与えてくれる料理を子どもたちに伝えていけたら、私のように自分に自信を持てる子ども達が増え、親や家族も笑顔で幸せになれるのでは、と思ったからです」

このように「なぜやりたいと思ったのか」体験に基づくエピソードや「それによってお客様にどんな良いことがあるか」を言語化してみましょう。自分の中に深く根差した動機を明確にすることで、逆風が吹いたときにも折れない、しなやかな軸を持つことができると思います。

■図 85

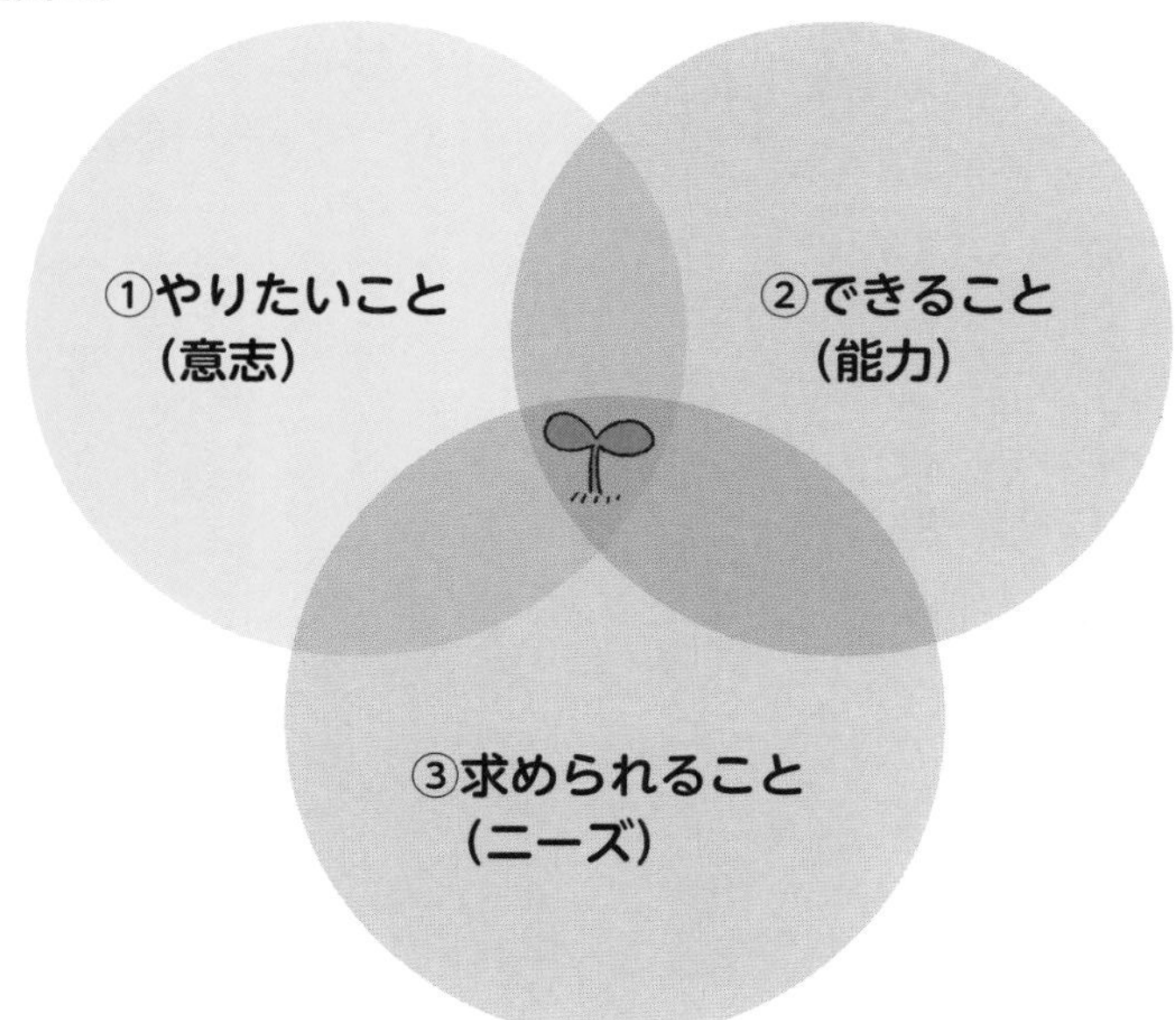

起業アイディアはあなたの中にある
①やりたいこと
②できること
③求められること
が重なり合う部分にあります

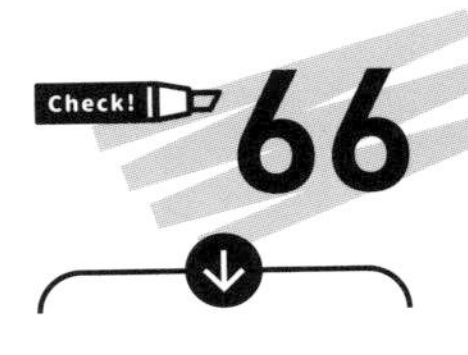

ステップ2 環境を分析する

「起業のアイデア」が見つかったら、アイデアを取り巻く「内部環境」と「外部環境」を分析します。

内部環境とは経験や能力、所有物や人脈などの経営資源で、起業アイデアを実現するにあたり活かせるものが「強み」、不足しているものが「弱み」と考えます。

外部環境とは顧客、競争、法律や経済情勢などの状況で、見込み客がいることや競争が少ないことなどは「機会」となり、逆に競合が多いなどは「脅威」と考えます。

例えば「子ども料理教室」というアイデアが芽生えたら、まず顧客となる子どもがいるか考えます。周囲が住宅地で小学生くらいまでの子どもがいれば、それは「機会」と捉えることができます。

そして、自分に子育て経験があることや、口コミしてくれそうなママ友がいること、自宅のキッチンを教室として使えることなどは「強み」となり「子ども料理教室」を開催する環境が整っていると考えることができます。

仮に自宅が狭いことが「弱み」となった場合は、公共施設を借りるなど工夫することで克服することも可能です。

子ども料理教室を開催するにあたって環境分析をしたところ、次頁の図86のようになったとします。この図を分析してみると、子どもたちを集めて開催する料理教室はハードルが高そうだ、と感じませんか？

一方、外部環境に目をむけると別のアイデアが浮かんできます。

例えば「料理の家庭教師」はどうでしょう。親が帰宅する前に子どもたちと買い物から夕食づくりまでを共にするサービスは、共働きの世帯には喜ばれるのではないだろうか、と新たなアイデアが浮かんでくれば、起業アイデアを変更して、２３５頁図87を使用して再度環境分析をしてみましょう。

このように外部にある「機会」に対して、内部の「強み」を発揮していくことで起業が成功しやすくなります。

■図 87

	強み	弱み
内部環境	料理好き、子ども好き 子育て経験、ママ友がいる SNSのフォロワー多い	自宅キッチンは狭い アシスタントはいない
	機会	**脅威**
外部環境	自宅周辺は住宅地 小学生以下の子ども多い	共働きが多い 小学生は塾や習い事で多忙 駅前に大手のクッキングスクールあり

■図 87

	強み	弱み
内部環境	料理好き、子ども好き 子育て経験、ママ友がいる SNSのフォロワー多い 家族の帰宅は遅いので、 時間的に自由が利く	
	機会	**脅威**
外部環境	自宅周辺は住宅地 小学生以下の子ども多い 共働きが多い	小学生は塾や習い事で多忙

ステップ3 ターゲットを設定する

環境分析ができたら、誰に向けて仕事をするのか対象となる顧客「ターゲット」を決めます。

「子ども料理教室」とひとことで言っても、幼児向けなのか小学生向けなのかでは教える内容も広報のやり方も違ってきます。顧客のニーズを満たすためだけでなく、集客のためにもターゲットを絞ることが大切です。

「みんなに来て欲しい！」と、つい対象を広げてしまいがちですが、それが失敗の元と言っても過言ではありません。

かくいう私もファイナンシャルプランナーとして生協の組合員活動を始めた頃、「賢く選ぼう医療保険」と題した、誰が来ても良いセミナーを企画したことがありました。

生協組合員約2万世帯にチラシを配布したにもかかわらず、参加者はたったの1人だけでした。それからは「誰が来ても良いセミナーには、誰も来ない！」と肝に銘じて、ターゲットを絞るよう心掛けています。

例えば、昨年開講した「フリーランスのための資産形成3か月講座」は、こんなターゲットを設定しました。

フリーランス、個人事業主として働く30代〜50代の女性で、次のような不安（ニーズ）を持つ方です。

・インフレで物価が上がる一方、なのに預金は増えない
・「将来に向けて何かしなければ！」とは思うものの、何から手をつければ良いかわからない
・iDeCoやNISAも気になるけれど、投資は損をしそうで怖い
・あちこちでセミナーもやっているけれど、話を聞いても自分でできる気がしない

フリーランスや個人事業主であれば、iDeCoやNISA以外にも、老後資金づくりに活用できる制度として「国民年金基金」や「小規模企業共済」などの制度があります。ターゲットを絞ることによって、顧客にフィットする内容を提供することができます。

さらに「投資への怖さ」を払拭するために「投資」に対する誤解を解いたり、積立投資の疑似体験を通して株価の変動に一喜一憂しなくて良いことを理解してもらうワークを行ったり、また、「わが家の場合、どの制度を優先すべきか」について、個別にアドバイスする時間もとりました。

「iDeCoやNISAの制度が知りたいだけ」という方や「投資経験がある方」には必要ない内容かもしれませんが、ターゲットとなる方には痒い所に手が届く講座だと喜んでいただきました。

ターゲットの設定に関しては「性別」「年代」「職業」「収入」「家族構成」「ライフスタイル」などで市場を細分化する方法もありますが、ターゲットのニーズ（困り事、不安、不満、解決したい課題など）のリアルな声に耳を傾けて、ペルソナ（典型的なユーザー像）を描くことで、より顧客にフィットした商品サービスを提供できるようになると考えられます。

Check! 68

ステップ4 コンセプトを明確にする

ターゲットが決まれば「どのような価値を、どのように提供するのか」という事業の幹になる考え方（コンセプト）を明確にします。「価値」とは顧客にとっての「価値」で、言い換えれば「顧客の変化」です。その商品やサービスを利用することで、顧客にどんな良い変化がもたらされるのかを言語化してみましょう。

そうすることで、商品やサービスの魅力が人に伝わりやすくもなります。

次の2つを比べてみてください。

A　幼児料理教室

B　ママのイライラが笑顔に変わる！　2歳からの子ども料理教室

Ａは幼児向けの料理教室ということは分かりますが、それ以上のことは伝わってきません。

一方、Ｂからはどんなイメージが伝わってくるでしょうか？

子育てを経験した人であれば、子どもの寝顔に「ごめんね」と言いながら、自分を責めたことがある方も少なくないはずです。そんな子育て中の方には「自分がイライラしなくなる」「笑顔のママでいられる」という魅力的な価値が伝わってくると思います。

実はＢの料理教室は『ようこそ！子育てキッチンへ』の著者である村上三保子さんが主催されている料理教室です。

この子ども料理教室は子ども達に料理を教えることを目的とした教室ではありません。

お子さんが包丁を持って料理をする様子を、口出し手出しせず保護者の方が見守ることにより、親が子どもを信じる力を高め、子どもの健全な成長をうながす料理教室です。

村上三保子さんは、元々は子育てコーチングを広めたいと考えていたそうです。コーチングを学んだ当時、「コーチング」や「セッション」などというと怪しまれたといいます。

その頃、たまたま友人の子ども料理教室を手伝ったことから、怪しくない「料理教室」をツールとして、子育てコーチングでママをサポートしたいと考えたそうです。

当時、ミクシィで複数の子育てサークルに所属していて、そこで「幼児向けの料理教室」を開講する旨の案内をすると、すぐに10組くらいの親子が参加してくれたといいます。

料理教室の後は、子どもたちを遊ばせながらお母さん方の子育ての悩みを聞いて、子育てをラクにするヒントを持ち帰ってもらうのだそう。次第にリピーターも増え、10組のうち6組が次も来てくれると、次回は4組集客すれば満席。こんな感じで2010年に開講して以来、集客に苦労することもなく、今も教室は盛況で、2020年には初めての著書『ようこそ！子育てキッチンへ』も出版されました。

あなたの商品・サービスを利用することで、顧客にどのような変化がもたらされるか、言語化してみましょう。

顧客に喜ばれる価値を創造することこそが起業の醍醐味でもあります。これまでになかったニッチなサービスを生み出すことにより、社会がますます豊かになる一端を担えたら、ステキだと思いませんか。

『ようこそ子！育てキッチンへ』（みらいパブリッシング）

ステップ5 マーケティングミックスを構築する

コンセプトが明確になったら、その価値を顧客に届けるための具体的な方法を検討します。このことをマーケティングミックスといい、Product（商品やサービス）、Place（場所）、Price（価格）、Promotion（販売促進）をそれぞれ決めていきます。

コンセプトが異なる2つの子ども料理教室を例に、それぞれのマーケティングミックスを考えてみました。

B　ママのイライラが笑顔に変わる！　2歳からの子ども料理教室

C　お留守番が食育時間に変わる！　子ども料理の家庭教師

コンセプトが違えば提供するサービスや価格設定、販売促進の訴求点など、提供する価値を表現する方法も異なります。（247頁図88）

大切なことは、ターゲットの意見を聞くということです。ターゲットとは単に「小さい子どもがいる人」というだけでなく「条件さえ合えばサービスを利用したい」と興味を持ってくれる人です。

「ママのイライラを減らすための幼児向け料理教室をやりたいと思うけど」と相談に乗ってもらった時に「ええ、どんな教室？詳しく聞かせて」と興味を持ってくれるような人に、図88のマーケティングミックスを披露して、次のように相談してみましょう。

・他にどんな商品・サービスがあったら嬉しいか、どんな悩みや課題を解決したいか
・場所は問題なく来れそうか、開催頻度や参加しやすい曜日や時間帯は
・参加費は割高と感じないか、どんな割引があると嬉しいか
・広報はどの媒体を使って、どのようにするのが効果的か

相談を受けてくれた方が参加してくれるだけでなく、口コミなど集客に協力してくれることもあります。マーケティングミックスをブラッシュアップした上で、まずは開催してみることが大切です。

実際に行動に移すことで、やり辛かったこと、反応が悪かったこと、意外に喜ばれたことなど、やってみて分かることがあります。

仮に参加者が少なくても、想定した価格でなかったとしても、まずは開催してみましょう。

例えば「初回モニター」として募集し、講座についてのアンケートに協力してもらったり、お客様の声としてSNSなどに掲載する許可を得たり、開催報告などを記事として投稿しておくなど、次につながる工夫をしておくことが大切です。

■図 88

コンセプト	B 2歳からの子ども料理教室	C 子ども料理の家庭教師
商品 サービス 【Product】	2歳でも作れるメニューとレシピ 包丁等の安全な使い方の指導 試食の後は子育てのお話会 個別コーチングも別途で提供	子の年齢に応じたメニュー、 家族分を作る 買い物の同行 保護者帰宅までの保育付
場所 【Place】	自宅のキッチン、リビング	顧客のキッチン、リビング
価格 【Price】	1回3時間：5,000円 (兄弟割引あり) 個別コーチングは 1時間6,000円	1回3時間：8,000円 (兄弟加算あり) ＋延長料 出張費：2000円 (移動時間45分以内) 材料費、交通費：実費精算
販売促進 【Promotion】	ママ友の口コミ、SNS 未就学児が集って楽しそうに料理をする姿や、親が見守る様子の写真で訴求	ママ友の口コミ、地元タウン誌、SNS 家庭の台所で子どもが調理する姿や、子どもが誇らしい笑顔の家族団らんの写真で訴求

売れるための3要素

マーケティングミックスの構築において、最も大切なことは、どうやってターゲットにサービスを届けるかということです。

いくら立派な商品やサービスを作り上げたとしても、まず知ってもらわなければ何も始まりません。

荒っぽい言い方をすると、商品・サービスは後でも良いのです。

「お金の相談をしたい」という人を見つけてから、「どんな相談なのか」その方の課題を聞き、それに合わせた準備をしてサービスを提供すれば立派な仕事になります。

しかし「相談したい」と思ってもらうには、相談相手として「信用」してもらうことが必要です。

仮に、あなたが友人から「ファイナンシャルプランナーの資格を取ったから、何かあったら相談して」と言われたとします。相談するかしないかは、まず、その友人に対する信頼感や好感度で判断するのではないでしょうか。次に、相談するような悩みがあるか否か。相談したいことがあれば料金のことを気にかけるはずです。

人は「信用できない」相手から
商品やサービスを
購入したがらないものです

商品・サービスを購入してもらう、顧客になってもらうには次の3つが必要です。

①あなたの信用

信用は一人ひとりの方との間で積み上げられた信頼関係の結果です。その人との間で交わした言動や行動の結果、信頼貯金がどの程度貯まっているか、信頼の残高が大きければ大きいほど、信用は大きくなります。

あなたの信用が及ぶ範囲が広がれば、対象となる顧客を広げることができますが、信用は一朝一夕に得られるものではありません。まずは、今あなたの信用が及ぶ範囲に働きかけることから始めてみましょう。

そして同時に、あなたの信用の輪を広げることに取り組んでいきましょう。

例えば、人の役に立つ情報を発信していったり、ボランティアでも良いので活動実績を作ったり、資格を取得するのも信用を築く方法の一つです。

②顧客のニーズ

顧客のニーズには顕在化しているものもあれば、顕在化していないものもあります。

ニーズを自覚していない場合は、気づいてもらうための「教育」が必要で、一定の時間も労力も要します。ニーズが顕在化（自覚）している方にアプローチする方がスムーズです。

③顧客にとっての適正価格

顧客が納得して支払える適正価格は、あなたの信用（信頼の残高や実績）と顧客が得られる効果に比例します。

当然のことながら、資格を取ったばかりという方は、実績があるベテランよりも低めの価格設定にすると利用してもらいやすくなります。

例えば本来の価格を提示した上で、初回モニター価格などを設定するのも良いでしょう。また、「興味がある」という程度の方には「無料お試し体験」を用意すると利用してもらいやすくなります。

ゼロからイチをつくるには

これから仕事を始める方にとって特に難しく感じられるのは、最初の顧客を見つけることではないでしょうか。顧客になってもらうためには、その前提として「信用」が必要だと前述しました。ポイントになるのは信用の築き方です。

ゼロからイチを生み出すヒントを先輩起業家の事例をもとに紹介したいと思います。

資格を取得後、プロコーチとして独立したDさんの最初の一歩

会社に勤めながら、コーチングを学んでいたDさん。資格を取得した後、実践経験を積むために「100人コーチング」という無料の体験セッションを行うことにしました。友人や知人だけでなく、働く女性が集う交流会や勉強会などに出かけ、そこで知り合った方に無料の体験セッションを案内すると、快く体験してくれたそうです。

毎回、満足度に関するアンケートをとり、体験セッションに「1万円以上の価値がある」と回答してくれた人の中で、Dさん自身が「心から応援したい」と共感できた方に有料の継続コーチングの案内をすると、副業としてサポートできる枠が満席に。継続サポートで応援した方が夢を叶えステージアップして活躍する様子がDさんの自信と実績にもなり、数年後にDさんは会社を辞め、コーチとして独立しました。

現在のDさんの悩みは、継続コーチングの枠がいっぱいで新規の方にサービスの提供ができないこと。今後は動画の提供や、コーチングのオリジナルメソッドを広げるためコーチの養成がしたい、と抱負を語ってくれました。

このように既に信頼関係がある友人や知人に声を掛けるだけでなく、能動的に信頼関係を築くこともできます。そして顧客になった方を満足させることができればリピートや紹介が生まれ、少しずつでも広がっていくものです。

まずは最初の一歩を踏み出すために、どのように顧客に出会うか、必要な方に届けるかに意識を向けて行動していきましょう。

起業という働き方のライフプラン

あなたの価値ある商品・サービスも、紹介した5つのステップを使って育てていきましょう。

5つの流れに沿って、あなたの商品・サービスを考えてもらえるようワークシートを用意しています。ワークシートは270頁のQRコードからダウンロードしてください。

しかし、いくら立派な計画を立てても上手くいくとは限りません。むしろ行動して初めて気づくことも多いものです。大切なことは、その経験を活かして改良していくことです。

アイデアは良かったけれど「人が集まらなかった」「大赤字になった」というような困難にも直面します。そんな時は再度、環境分析に戻り、顧客のニーズに耳を傾け

■図 89

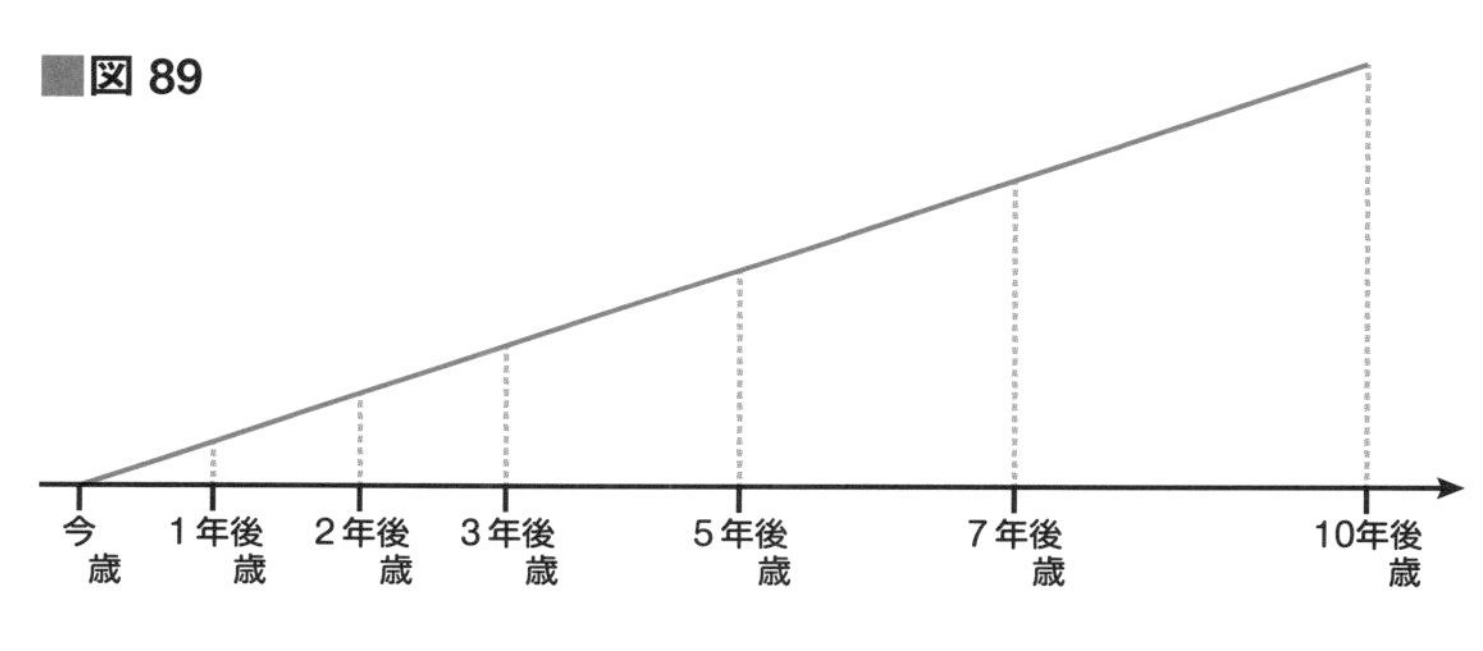

たり、コンセプトを練り直したり、マーケティングミックスを見直すことを繰り返しやっていくうちに解決の糸口が見つかります。トライ&エラーの繰り返し。失敗はありません。「学びがあるだけ！」そう思って行動し続けましょう。今、活躍している人たちは少なからずそんな困難を乗り越えて、行動し続けてきた人です。

1年後、3年後、5年後、行動し続けた先には、今の延長線上とは違う未来が待っています。

図89に年齢を書き入れ、その時、叶えたいこと、どうなっていたいか、自由に書いてみてください。

10年後のワタシをイメージして、逆算しても良いですし、近い将来から遠い未来へ思いを馳せても構いません。「できる」「できない」を考えず、思考に制限をかけずに、願望をそのまま書いておきましょう。

第10章

起業をサポートする公的サービス

起業について相談できるところ

お金をかけずに起業について相談できる場所があります。それは最寄りの商工会議所や商工会など公的な機関です。

商工会議所や商工会というと、フリーランスや個人事業主には敷居が高いと思われがちですが、決してそんなことはありません。

会費は商工会議所等によって異なりますが、個人事業主の場合は、年間1万円前後です。会員でなくても相談に乗ってもらえることもありますので、気軽に尋ねてみてはいかがでしょうか。

商工会議所も商工会も地域や地元企業の発展を目的とした非営利団体で、中小企業や個人事業主に対し、次のようなサービスを提供しています。

①経営指導員による相談

起業準備に関する相談や起業後の経営上の課題について相談できる他、帳簿のつけ方から決算、申告の仕方まで経理指導などのサービスも行っています。また、借入や信用保証に関する相談、販路開拓に関する相談を行うことができます。

②専門相談

弁護士による法律相談、税理士による税務相談や記帳指導など各分野の専門家に無料で相談することができます。会員でなくても利用できるか、また相談内容などは商工会議所等により異なります。

③創業支援セミナー

各地の商工会議所等で創業支援セミナーが開催されています。「民間の起業塾に高額な受講料を支払って通ったけれど、ついていけなかった」という話もよくお聞きします。

まずは商工会議所等や男女共同参画センターなど公共施設で開催される「起業支援セミナー」なども上手に活用しましょう。

専門家を派遣してもらえる制度

①中小企業119

「中小企業119」は商工会議所等の地域の支援機関を通じて、事業者が抱える経営課題を解決するために必要な専門家を派遣してもらえる国の制度です。（図90）

「新しく事業を始めたいけど、何から手をつけていいかわからない」「資金調達の方法が分からない」「ITを活用して、販路拡大を実現したい」などの経営課題について支援機関が相談に応じるだけでなく、中小企業119に登録している専門家に支援を依頼することができます。派遣回数は同一年度につき5回を上限とし、初回のみ無料です。2回目以降は専門家への委託料が発生します。詳細は中小企業庁の「中小企業119」のホームページをご覧ください。

■図 90
中小企業 119

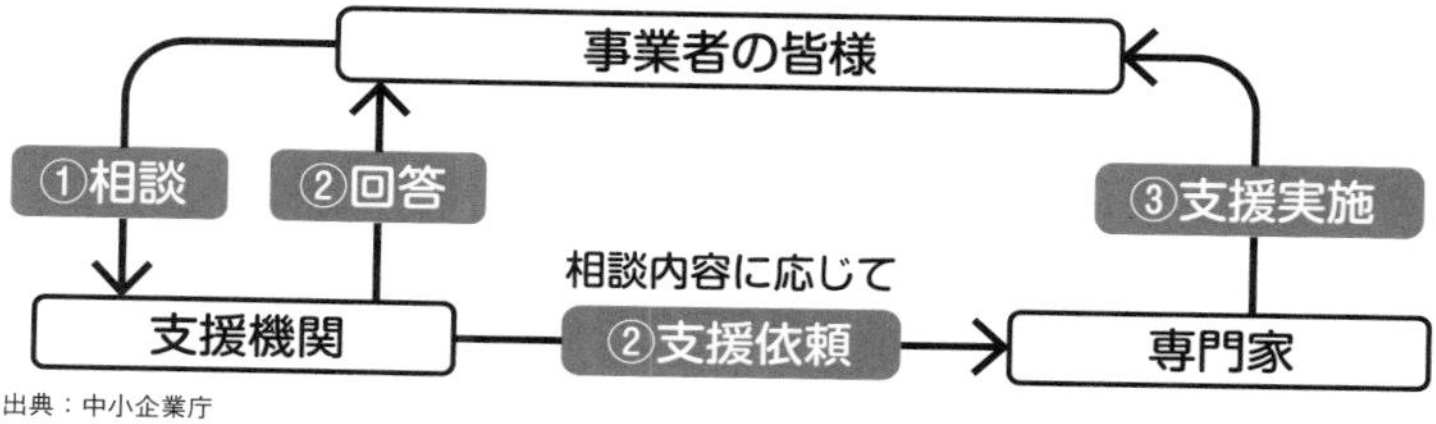

事業者の皆様
①相談
②回答
③支援実施
相談内容に応じて
支援機関
②支援依頼
専門家

出典：中小企業庁

②各都道府県が行う専門家派遣事業

例えば、大阪府には「エキスパートバンク」という専門家派遣事業があります。専門家には中小企業診断士、弁護士、税理士、社会保険労務士、弁理士、司法書士、情報処理技術者、ＩＴコーディネーター、一級建築士など公的資格を有する専門家が登録していて、最大5回まで無料で派遣してもらえる便利な制度です。

あなたの困り事に合わせて必要な専門家を事業所（自宅）に派遣してもらうことができます。実は第8章で紹介した『スキ職診断』という簡易診断ツールも「エキスパートバンク」を利用して作成しました。ＩＴの専門家に既存のホームページ内で診断結果を表示させるためのプログラミングをご指導いただき、本の付録として診断用のページを追加することができました。

お得な補助金

小規模事業者の経営を支援する補助金として「小規模事業者持続化補助金」があります。これは、小規模事業者の販路開拓や業務効率化の取組を支援するため、その経費の一部を補助する国の制度で、返済の必要がない「もらえるお金」です。

①補助の概要

国の予算に基づいて毎年、募集時期などが決定されます。商工会・商工会議所の支援を受けながら取り組む事業について「補助事業計画書」など必要書類を提出し、審査を経て採択されると経費の3分の2（上限50万円）が補助されます。（図91）

創業3年以内の方は、「創業者枠」を利用することができ、補助上限額が200万円と拡充されています。他にも補助上限額拡大の申請枠やウェブ関連費の制限がありますので、公式ホームページから「公募要領」をご確認ください。

■図 91

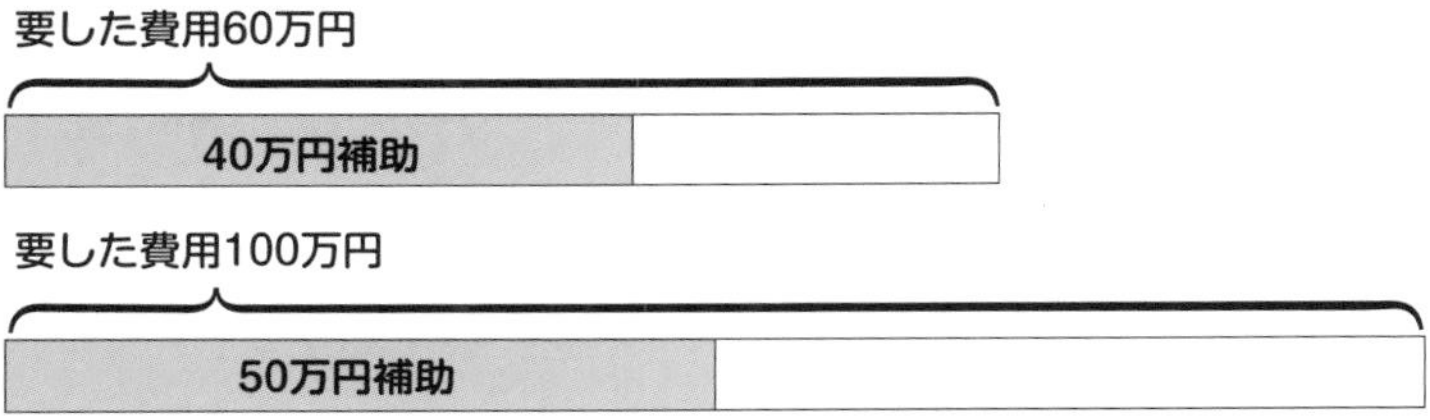

要した費用60万円

40万円補助	

要した費用100万円

50万円補助	

②補助の対象となる取組の例

・販売促進用チラシの作成（デザイン料、印刷代、送料）
・ホームページの作成（外注費）
・ネット販売システムの構築（外注費）
・展示会、見本市への出店にかかる費用、出張費など
・新商品開発にあたって専門家からの指導、助言（専門家謝金）
・店舗改装や新商品を陳列するための棚（機械装置等）など

補助事業計画については、会員でなくても商工会議所等で相談しながら策定できます。仮に補助事業として採択されなかったとしても、事業計画書を作成することは意義があります。客観的な数値で現状を把握し、やるべきことを言語化することで、それが明確になります。補助金を得ることが目的ではありますが、自分で考え作成することが大切なのです。

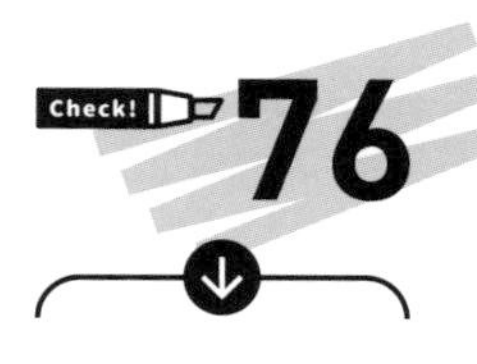

お得な融資制度

マル経融資（小規模事業者経営改善資金貸付制度）は、商工会議所などで経営指導（原則6か月以上）を受けた方に対し、日本政策金融公庫が行う国の融資制度です。

①主な要件

・従業員が20人（商業または宿泊・娯楽業を除くサービス業については5人）以下の法人・個人事業主
・1年以上、商工会、商工会議所等の地区内で事業を行っている
・商工会、商工会議所等の経営指導員による経営・金融に関する指導（無料）を原則6か月以上受けており、事業改善に取り組んでいる
・所得税、法人税、住民税などの納期限が到来している税金を納付している
・日本政策金融公庫の非対象業種に該当していない

②融資条件

・貸付限度額2000万円
・返済期間
　運転資金7年以内（据置期間1年以内）
　設備資金10年以内（据置期間2年以内）
・担保・保証人が不要（保証協会の保証も不要）
・貸付利率　1・20%（2024年1月1日現在）

このように利率が低いだけではなく、担保も保証人も要らず、1年後から返済をスタートできるなど、民間の金融機関では考えられない好条件です。

6か月の経営指導を受けることで返済計画も立てた上で借入を行うことができますので、融資を必要とするときは、このような制度があることを覚えておきましょう。

お得な退職金制度

個人事業主や小規模事業の経営者が、廃業または退職した後の生活に備える退職金制度として「小規模企業共済」があります。

「小規模企業共済」は中小機構が運営する国の制度で、次のような特徴があります。

①少額から始められ無理なく続けられる

月々の掛金は1000円から7万円まで500円単位で設定、変更が可能です。

事業の収支や家計の具合に合わせて調整が可能なので無理なく続けられます。

そのため、利益が安定しない起業初期からでも始めやすい老後資金対策と言えます。

加入される場合は、11月頃に年払いで加入されることをお勧めします。

そうすることで、今年の利益の状況を見ながら掛金を年額1・2万円〜84万円まで調整することができます。

②節税効果がある

掛金が全額、所得控除（小規模企業共済等掛金控除）の対象になります。

例えば、掛金を月1万円とすると、所得税の税率により所得税・住民税が減額され、実質的な掛金の負担額は269頁図92のようになります。

③共済金の受け取り方の自由度が高い

共済金は給付事由によって4種類あります。

（1）共済金A：廃業や退職したとき

（2）共済金B：65歳以上になったとき（180か月以上掛金を払い込んだ方）

（3）準共済金：途中で加入資格がなくなった場合

（4）解約手当金：右記以外の事由で解約する場合　※任意解約の場合は掛金納付月数が240か月未満の場合、元本割れとなります。また、掛金納付月数が12か月に満たない場合は掛金が戻りません。

④高い利回りの確定給付

掛金に応じて給付額が確定している安心感があり、予定利率も1％と預金に比べて高く設定されています。

例えば、毎月1万円を20年間掛けた場合の給付事由別の給付額は図93の通りです。共済金A（廃業や退職時に受け取る）の場合、払込総額240万円に対し、給付額が278万円以上になっていますので、38万円以上増えることになります。

さらに、掛金が所得控除になった節税効果も加味すると、所得税率5％の方でも20年間で36万円の節税になっていますから、合わせると74万円のプラスとなります。

⑤受け取り時も税制優遇がある

共済金の受け取り方法は、「一括」「分割」「一括と分割の併用」が可能です。

一括受け取りの場合は「退職所得控除」の対象、分割受け取りの場合は「公的年金控除」の対象となります。

このように手軽な掛金で始められて、約束された金額を受け取れるにもかかわらず、

■図 92

小規模企業共済の節税効果　掛金年額12万円とした場合の税率別減税額

課税所得金額	所得税の税率	減税額	実質的な負担額
195万円未満	5%	約1.8万円	約10.2万円
195万円以上～330万円未満	10%	約2.4万円	約9.6万円
330万円以上～695万円未満	20%	約3.6万円	約8.4万円
695万円以上～900万円未満	23%	約4.0万円	約8.0万円
900万円以上～1,800万円未満	33%	約5.2万円	約6.8万円

■図 93

掛金月額1万円で20年間加入した場合の共済金

掛金納付年数	20年（掛金合計金額：2,400,000円）
共済金A	2,786,400円
共済金B	2,658,800円
準共済金職業	2,419,500円

出典：中小機構ホームページ

預金などにくらべると収益性が高く、さらに掛金が全額所得控除の対象になる金融商品は他にはありません。小規模事業者だからできる魅力的な資産形成方法の一つです。

付　録

下記のＵＲＬまたはＱＲコードからアクセスして、診断ツールやワークシートをご活用ください。なお、エクセル帳簿のダウンロードにつきましてはパソコンのメールアドレスが必要になります。

スキ職診断

https://www.shinayaka-life.com/sukishoku/

ワークシート・ダウンロード

◎ジブンを知る 3 Stage　　◎好きを仕事に変える 5 Step

https://www.shinayaka-life.com/worksheet

超カンタンらくらくエクセル帳簿・ダウンロードの登録

https://www.shinayaka-life.com/excel/

※付録の配布期限は２０２６年末までとし、それ以降は予告なく終了することがございます。予めご了承ください。

著者・監修者プロフィール

【著者】

小谷晴美（こたに・はるみ）

しなやかライフ研究所　代表
ファイナンシャルプランナー（CFP® 認定者）
熊本県出身。大阪教育大学教育学部卒。20代で中小企業診断士資格を取得し、コンサルティング会社にて商業・サービス業の経営診断・指導に携わる。
2006年、夫の独立開業を機にファイナンシャルプランナー（FP）資格を取得し、「暮らしのお金」と「起業のお金」の身近な相談役として、金融教育に従事する。個人相談件数は1800件超、その多くがフリーランスの女性。企業研修や生活者向け講演の他、商工会議所等では経営者向け講座や起業支援セミナーの講師を務める。
妻として個人事業主の夫をサポートした経験と、子育てをしながら少しずつ仕事の幅を広げてきた経験から、特に個人事業主の生活設計支援、女性の起業支援に強みを発揮している。
著書に『女性ひとり起業スタートＢＯＯＫ』（コスミック出版）がある。
ホームページ：**https://shinayaka-life.com**

【監修者】

日本マネジメント税理士法人

担当税理士　国光義浩（くにみつ・よしひろ）
大阪、東京に拠点を置き、「新規開業支援（会社設立・創業）」「税務顧問」、「財務コンサルティング」、「事業承継」など様々な専門サポートを提供している。
ホームページ：**http://j-ma.jp**

知識ゼロからはじめる「女性ひとり起業」BOOK

2024年2月29日　初版発行

著　者　　小谷　晴美
監修者　　国光　義浩
　　　　　日本マネジメント税理士法人

発行人　　杉原　葉子
発行所　　株式会社電波社
〒154-0002　東京都世田谷区下馬6-15-4
　　　　　TEL. 03-3418-4620
　　　　　TEL. 03-3421-7170
　　　　　https://www.rc-tech.co.jp
振替　00130-8-7658

ISBN978-4-86490-238-0　C0034

印刷・製本　株式会社光邦